KB264966

대통령선거와 시대정신

대통령선거와 시대정신

인　쇄: 2012년 12월 12일
발　행: 2012년 12월 17일
엮은이: 이현출
발행인: 부성옥
발행처: 도서출판 오름
등록번호: 제2-1548호 (1993. 5. 11)
서울특별시 서초구 서초동 1420-6
전　화: (02) 585-9122, 9123 / 팩　스: (02) 584-7952
E-mail: oruem9123@naver.com
URL: http://www.oruem.co.kr

ISBN 978-89-7778-387-4　　93340

* 잘못된 책은 교환해 드립니다.
* 값은 뒤표지에 있습니다.

대통령선거와 시대정신

한국정당학회

이현출·가상준·강명세·김석우·김재한·박인휘·이연호

Presidential Election and Zeitgeist
The Spirit of the Times

The Korean Association of Party Studies

ORUEM Publishing House
Seoul, Korea
2012

책을 내면서

그동안 대선 승리자는 극적인 개인 스토리를 가지고 있었다. 그리고 국민들은 정치인의 개인적 카리스마에 매력을 느꼈다. 불확실성이 높고 신뢰가 낮은 한국정치에서 정치인 개인의 신화적 이미지가 투표결정에 중요한 요인이 되었다. 그러나 정치인의 대중적 이미지는 과장되거나 왜곡된 경우가 많았다. 그런 이유 때문에 대통령들이 임기 말에 극도로 낮은 지지도에 허덕이기도 하였다.

그런데 지난 대선 이후 국가가 처한 중대한 문제를 해결할 수 있는 능력이 점차 중시되고 있다. 정치에 대한 국민들의 실망은 심해지고 있지만, 역설적으로 정치의 중요성은 더욱 절실하게 느끼고 있다. 국가가 담당해야 하는 영역이 이전보다 훨씬 커졌기 때문이다. 따라서 정치혐오에도 불구하고 선거에서 좋은 지도자를 뽑아야 한다는 공감대는 확산되고 있다.

그동안 두 번의 경제위기를 겪으면서 국민들이 인식하는 국가역할이 달라지기 시작했다. 하나는 정치인들을 위한 민주주의 정치논쟁은 그만하고 국내외적 시대과제와 도전에 대처할 수 있는 유능한 정부의 필요성을 실감

한 것이다. 둘째는 신자유주의 이후 양극화가 심화되어 개인의 노력을 통해 경제적 빈곤해결이 불가능해지면서 국가가 최소한의 삶을 보장하는 제도적 장치를 구축해야 한다는 요구가 늘어난 것이다.

선거는 정치적 커뮤니케이션이 폭발적으로 증가하는 공론의 장으로서의 역할을 한다. 선거라는 공론의 장을 통해 개개인의 인간정신을 넘어서 그 시대를 지배하는 보편정신인 시대정신을 발견하게 되고, 그 시대정신을 실현하는 데 필요한 시대적 과제를 발견하게 된다.

그러면 양대 선거가 있는 2012년을 관통하는 시대정신은 무엇인가? 정치인, 언론과 정치분석가들은 2012년의 선거의 장을 통해 드러나게 될 시대정신을 찾기 위해 분주하지만, 이에 대한 체계적인 논의는 아직 발견되지 않고 있다. 따라서 본 학회는 전문가들의 체계적인 분석을 통해 2012년의 시대정신과 이를 구현하기 위한 시대적 과제가 무엇인지를 밝혀내고자 하였다.

시대정신이 어떻게 구성되는지는 철학자에 따라 의견이 다르지만, 선거를 통해 드러나는 시대정신은 현재의 핵심적 문제를 지양하고 보다 나은 시대를 지향한다는 특징을 지니고 있다고 볼 수 있다. 또 시대정신은 개개인의 태도, 정신, 이념의 총화라고도 볼 수 있다.

한편 시대적 과제는 시대정신을 구현하기 위한 구체적인 실천과제임이 보통이지만, 시대정신이라는 대원칙에서 추론되는 것만은 아니다. 우리시대가 처해 있는 국내외적인 현실에서 발생하는 각종 문제점을 해결하기 위한 실천과제 역시 시대적 과제라고 할 수 있을 것이다.

여기서는 우리가 직면하고 있는 시대적 과제가 무엇인지를 먼저 고찰하고 이를 바탕으로 시대정신을 유추해내고자 한다. 주지하다시피, 그동안 우리 사회가 겪은 급격한 사회변화와 최근 몰아친 세계적 경제위기 속에서 시대정신이 하나로 부각되기는 어려울 것이다. 사회의 유동성과 다양성 및 이질성의 증가에 따라 사회적 연대감과 공감대는 약화되고 파편화가 지속되면서 민의의 총합이라고 할 수 있는 시대정신을 발견하기는 더더욱 어려운 과제일 것이다. 따라서 본 연구진은 시대정신을 파악하기 위하여 설문조사를 실시하였고, 전문가들의 수많은 논의 끝에 5가지 분야에 걸친 시대적 과제를 추출하고자 하였다.

먼저, 가상준과 이현출은 유권자의 태도, 이념, 선호에 대한 분석을 통해 유권자가 원하는 시대정신과 정치의 실체는 무엇인지를 살펴보았다. 이를 통해 2012년 시대정신은 신자유주의 이후 등장한 우리 사회의 문제를 해소하기 위한 복지담론과 세계적 경제위기 극복을 위한 경제성장론이 교차하고 있음을 알 수 있었다.

김재한은 정치개혁을 위한 시대적 과제를 살핀다. 과도한 불신과 분열은 민주주의 자체를 파괴하기 때문에 통합을 지향해야 한다는 전제하에 오늘날 한국의 통합적 시대정신을 자신과 다른 합리적 상대를 인정하는 다원주의의 정착이라는 차원에서 접근한다.

강명세는 복지국가를 위한 시대적 과제를 분석한다. 지난 지방선거 이후 급물살을 타고 있는 복지논쟁 속에서 복지국가 논의 등장 배경과 서민과 중산층의 요구를 정책에 반영하기 위한 시대적 과제를 고찰한다.

이연호는 사회경제 양극화 해소를 위한 시대적 과제를 고찰한다. 압축적 경제성장을 진행하는 과정에서 왜 사회경제적 불평등이 형성될 수밖에 없었는지를 고찰하고 그 해결을 위한 과제를 살핀다.

김석우는 글로벌 경제위기와 '월가(街)를 점령하라(occupy wall street)'로 대변되는 신자유주의 쇠락의 글로벌 경제체제 속에서 우리가 직면하게 될 시대적 과제는 무엇인지 분석하였다. 한국이 처한 경제위기라는 환경 속에서 어떤 시대적 과제들이 존재하고 이를 어떻게 극복할 것인가에 관한 논의를 전개한다.

박인휘는 남북관계와 한반도 문제해결을 위한 시대적 과제를 살펴본다. 미, 중, 러, 일의 한반도 주변 4대 국가들 간의 힘의 균형의 변화 속에서 소극적으로는 한반도 리스크를 관리하고 적극적으로는 남북의 통일을 이루기 위해 우리가 풀어나가야 할 시대적 과제는 무엇인가 분석한다.

이 책은 2012년 대통령선거를 앞두고 한국정당학회가 기획한 "2012년 양대선거의 시대정신과 시대적 과제"의 일환으로 준비된 것이다. 당초 이 연구가 가능하도록 해준 한국의회발전연구회의 프로젝트 지원에 감사드린다.

아울러 연구진에 참여하여 옥고를 주신 여러 선생님들의 노고에 다시 한번 경의를 표한다. 끝까지 연구를 조직하고, 출판을 위해 애써주신 가상준 교수께도 깊은 감사의 뜻을 전한다.

끝으로 열악한 출판환경에도 불구하고 기꺼이 출판을 허락해주신 오름출판사의 부성옥 사장님께 감사드린다. 급한 출판일정에도 노고를 아끼지 않으신 최선숙 부장님을 비롯한 편집부 여러분의 노고에도 감사의 말씀을 전하고자 한다.

2012년 12월
저자들을 대신하여
한국정당학회 회장 이현출

차례

Contents

■ 표 차례

Contents

▪ 그림 차례

제1장

유권자는 무엇을 원하는가?

이현출 | 국회입법조사처
가상준 | 단국대학교

I. 서론

선거는 유권자를 대리하게 될 대표자를 뽑는 것으로 의미를 다하는 것은
아니다. 선거는 정치적 커뮤니케이션이 폭발적으로 증가하는 공론의 장으로
서의 역할을 한다. 선거라는 공론의 장을 통해 개개인의 인간정신을 넘어서
그 시대를 지배하는 보편정신인 시대정신(Zeitgeist)을 발견하게 되고, 그
시대정신을 실현하는 데 필요한 시대적 과제를 발견하게 된다. 물론 선거를
통해 선출된 대표자가 항상 선거를 통해 표출된 시대정신을 이해하고 시대
적 과제를 잘 수행해나가는 것은 아니다. 그러나 긴 시간의 흐름을 놓고
보면, 그 시대의 정신이 요구했던 과제들을 수행해 왔던 것을 볼 수 있다.

시대정신이 어떻게 구성되는지는 철학자에 따라 의견이 다르지만, 선거
를 통해 드러나는 시대정신은 현재의 핵심적 문제를 지양하고 보다 나은
시대를 지향한다는 특징을 지니고 있다고 볼 수 있다. 또 시대정신은 개개

인의 태도, 정신, 이념의 총화라고도 볼 수 있다. 한편 시대적 과제는 시대정신을 구현하기 위한 구체적인 실천과제임이 보통이지만, 시대정신이라는 대원칙에서 추론되는 것은 아니다. 그러나 우리시대가 처해 있는 국내외적인 현실에서 발생하는 각종 문제점을 해결하기 위한 실천과제 역시 시대적 과제라고 할 수 있을 것이다.

역사적으로 보면 우리에게 있어 이승만 정부의 '민족국가 건설(Nation Building)'과 박정희 정부의 '산업화,' 그리고 지난한 투쟁으로 성취한 민주화 이후 들어선 정부들의 '민주주의 심화'가 바로 그 시대를 지배했던 정신이었다. 민주화 이후 들어선 정부들은 민주주의의 심화를 위해 '보통사람의 시대(탈권위)', '문민정부(탈군부)', '수평적 정권교체(탈영남)와 한반도의 탈냉전화', '참여민주주의(탈사당적 정당정치)'를 그 시대의 구체적인 시대정신으로 삼고 그로부터 시대적인 과제들을 도출해 수행하고자 했다.

그러면 양대 선거가 있는 2012년을 관통하는 시대정신은 무엇인가? 정치인, 언론과 정치분석가들은 2012년의 선거의 장을 통해 드러나게 될 시대정신을 찾기 위해 분주하지만, 이에 대한 체계적인 논의는 아직 제대로 이루어지고 있지 않은 상황이다. 본 연구는 유권자들에 대한 조사를 통해 2012년의 시대정신과 이를 구현하기 위한 시대적 과제가 무엇인지를 밝혀내고자 한다. 천재적인 철학자의 통찰력에 의존해 시대정신을 천착하고 시대정신으로부터 시대적 과제를 유추해내는 방법도 있겠지만, 구체적인 시대적 과제가 무엇인지를 먼저 천착하고, 이를 바탕으로 시대적 과제를 관통하는 원칙이 무엇인지를 찾아내는 범인들의 방법도 있을 수 있을 것이다. 여기서는 우리가 직면하고 있는 시대적 과제가 무엇인지를 먼저 고찰하고 이를 바탕으로 시대정신을 유추해내고자 한다.

이를 위해 제2절에서는 시대정신에 대한 연구 동향을 살펴본다. 제3절에서는 민주화 이후 대통령선거 있었던 시기의 시대정신과 선거결과와의 연관성을 살펴본다. 제4절에서는 2012년 시대정신은 무엇인지 설문조사를 통해 나타난 결과를 살펴본다.

II. 시대정신에 대한 연구

시대정신(Zeitgeist)을 일컫는 정의는 우리가 과거에 살아왔던 시대 또는 앞으로 직면하게 될 시대만큼 다양하며 실제로 이에 대한 많은 해석이 존재한다. Zeitgeist는 라틴어 genius saeculi라는 용어에서 유래했으며, 이는 고대 genius loci, 즉 특정한 지역들은 고유한 정신을 갖는다는 뜻의 개념과 근본적으로 비슷하다고 할 수 있다.[1] genius saeculi는 한 시대의 현상을 지탱하고, 그 기초가 되는 원칙을 의미한다. 따라서 시대정신의 사전적 의미를 살펴보면 '한 시대의 사회에 널리 퍼져 그 시대를 지배하거나 특징짓는 정신적 경향 혹은 상태'[2]라고 하는데, 시대정신은 동시대 사회 구성원들이 공유하는 문제의식 혹은 기대로 사회 구성원들에게 행태에 영향을 미치는 중요한 요인이라 말할 수 있다.

시대정신(Zeitgeist)이라는 단어의 탄생은 알려진 바에 의하면, 1769년 독일 철학자 요한 고트프리드 헤르더(Johann Gottfried Herder 1744~1803)가 독일의 문헌학자 크리스티안 아돌프 클로츠(Christian Adolph Klotz 1733~1771)의 저서 Genius Saeculi에 관하여 평가하는 글에 처음 사용하였다. 클로츠는 자신의 저서에서 genius saeculi를 한 시대의 동전을 통해 읽어낼 수 있다는 주장을 담고 있다. 헤르더는 genius saeculi를 Zeitgeist (시대정신)으로 번역하고 있다.

과거 시대정신에 대한 많은 논의가 있었고 이를 파악하기 위한 시도는 있었지만 학문적으로 접근하는 경우는 많지 않았다. 이는 현상을 이해하고, 설명하며, 이를 바탕으로 예측하는 사회과학의 관점에서 보았을 때 시대정신에 대한 논의는 가능하지만 개념화시키고 조작화하기는 어렵기 때문이다. 또한, 시대정신을 이해하고 해석하는 방식이 학자에 따라 그리고 접근 방향

---

1) http://www.osterhage.com/zeitgeist.htm
2) 네이버 백과사전.

에 따라 다르기 때문에 공통의 언어로 사용하기는 쉽지 않고, 시대정신을 파악하는 작업이 공유화되지 않아 논란의 대상이 되는 경우가 많기 때문이다. 특히 시대정신은 거시성, 집합성, 절대성, 맥락성, 미래지향성, 주관성 등의 특성을 내포하고 있기 때문에 그것의 규명은커녕 언급조차 상당한 부담을 수반한다고 지적하기도 한다(임성호 2008). 더욱이 오늘날과 같은 전환적 시대조류를 감안할 때 명확한 시대정신을 찾고, 거기에 대한 사회적 합의를 얻는다는 것이 어렵다는 논지를 제시하기도 한다.

그럼에도 학자들은 개념화와 사회에 대한 이해를 통해 시대정신에 접근하려 하였다. 홍득표는 시대정신을 국가와 사회가 현실에 당면하고 있는 가장 절박한 국정수행 목표인 동시에 국가와 사회가 나아가야 할 미래의 방향과 청사진이며, 국민에게 희망과 꿈을 줄 수 있는 이상향이라고 정의하고 있다(홍득표 2011). 시대정신은 많은 정보를 제공해 주는데, 과거 시대정신을 통해 그 시대가 성취하고자 했던 희망이 무엇인지를 보여주고 있으며, 현재 시대정신을 통해 사회 구성원들의 이상향을 엿볼 수 있기 때문이다. 시대정신이 사회의 구성원들이 공유하고 있는 목표이며 이상이기 때문에 시대정신은 사회가 처한 환경 그리고 역사적 맥락과 매우 밀접한 관계를 띨 수밖에 없다. 즉, 사회의 역사적 흐름과 사회를 둘러싸고 있는 환경적 요인에 대한 정확한 이해가 시대정신을 파악하는 데 있어 핵심이라 하겠다.

연구자들은 과거 그리고 현재의 상황과 직면한 문제에 접근하였고 이를 바탕으로 시대정신이 무엇인지를 파악하였다. 그들의 접근방법과 구성내용이 일률 단편적이거나 서로 동일하지는 않지만, 본질적 내용에서 사회와 국민, 지도자 등은 각각 어떠한 시대정신을 추구하였는지 그리고 어떠한 관련성이 있는지를 탐구하였다. 또한 많은 시대정신 관련 연구들은 앞으로의 발전 방향에 대한 가능성을 충분히 남겨 두었다는 공통적 특징을 발견할 수 있는데 이는 시대정신에 대한 연구가 양적인 면과 질적인 면이 풍부해질 때 더욱 많은 의미를 제공할 수 있기 때문이다.

시대정신에 대한 연구는 먼저 이에 대한 '접근방법'을 살펴볼 필요가 있다. 이는 어떠한 방법으로 시대정신을 이해했으며, 사용한 주제 및 키워드는 무엇인지 파악하는 것이 시대정신을 어떻게 조명했는지 보여주기 때문이다. 사실상 가장 많은 시대정신에 대한 논의는 정권교체를 앞둔 시기에 주요 대통령 후보자 또는 유권자를 대표하는 국민에게 묻는 설문조사나 여론조사, 그리고 인터뷰형식의 주요 결과를 이용하는 것이다. 조사내용은 '현재의 생활에 어느 정도 만족하십니까?'라는 기본적 인식과 가치관에서 출발하여 과거의 생활에서 가장 문제가 되었던 사항은 무엇인지 정리하였다. 또한 앞으로 맞이하는 새로운 정권의 과제와 이에 대한 기대, 나아가 새로운 대통령 선거 후보를 어떠한 면에서 어떻게 평가하는지에 대한 질문을 던지는 방식이다(중앙일보 2006/06/26; 내일신문 2007/08/06; 헤럴드경제 2010/04/05; 동아일보 2011/12/19).

시대정신을 알아보기 위한 연구 및 조사는 주로 직접적인 여론조사를 통한 아젠다(agenda) 파악이 가장 많았으며, 정치인의 인터뷰 및 문제 현상과 관련해서 전문가에게 자문을 구하는 방법이 그 뒤를 이었다. 국민의 여론과 동향을 즉각적으로 잘 살필 수 있으며 현상논의가 빠른 시일 내에 이루어질 수 있다는 점에서 직접적인 여론조사는 시대정신의 화두를 가장 적절히 선택할 수 있는 요건이 되었다. 또한 여론조사의 범위는 구체적으로 특정 집단을 한정하지 않은 일반적인 조사와 특정 분야 종사자에게만 응답을 구하는 한정된 것으로 구분되었다(이영성·김호기 2007).

한편, 시대정신에 대한 연구는 시기별로 조금씩 차이를 보이는데 70년대 후반 혹은 80년대 초반의 시대정신은 직접적인 키워드를 제시하기 보다는 당시의 시대를 이끄는 지도자의 조건은 무엇인가에 대한 논의로부터 출발하였다(동아일보 1980/08/23). 그 후로 안정, 개혁, 정권교체, 변화, 경제에 이르기까지 시대정신은 어느 하나의 고정적인 것에 불과한 것이 아니라 상황의 변화에 따라 움직임을 가지는 가변적 산물임을 보여 주었다. 물론 시대의 흐름과 변화에 상관없이 고정적으로 시대정신에 공통분모로 자리하는 경우도 있다. 경제와 안보 및 통일 문제 등은 대표적인 예라 할 수 있는데, 경제문제는 앞으로도 지속적으로 논의될 시대정신일 것이며, 안보 및 통일 문제는 현재 우리나라의 특수성을 고려하면 전반적으로 변함없는 시대의 지표가 될 것이라 예상해 볼 수 있다. 언급한 것처럼 시대정신은 가변성의 특성을 가지므로 시대정신 용어자체에 대한 기본적이고도 본질적 고찰보다는 당시 상황과 시대정신의 연계성 및 조화를 중요시한 연구결과가 더 많음을 확인할 수 있겠다.

정치인들은 이러한 결과를 토대로 하나의 시대정신을 선정하고 자연스럽게 이를 시대의 화두로 삼았다. 이러한 시대정신을 내세워 그들만의 슬로건으로 삼기도 하고 국민의 요구를 최대한 수용하며 사회 전반의 기대를 누구보다 충분하게 채워줄 능력이 있음을 보여주었다(헤럴드경제 2010/04/05). 또한 많은 언론에서도 시대정신을 강조하며 국민뿐만 아니라 정치인들에게도 인식의 전환과 더불어 변화 촉구를 강조하였는데, 정치인들로 하여금 새로운 시대정신에 관심을 갖게 하고 이에 상응하는 정책을 내세워 줄 것을 유도하는 효과가 있었다. 이러한 시대정신의 영향력으로 인해 전문가들은 시대정신이라는 키워드에 초점을 두고 계속 관심을 가졌으며, 모두가 해결해야 할 필수 과제라는 점을 강조하였다.

시대정신은 동시대 구성원들이 공유하고 있는 희망, 목표, 이상이기 때문에 지도자들에 의해 가꾸어지고 만들어질 수는 없다. 국민들이 공유하고 있는 시대정신을 정확히 파악하고 시대정신을 통해 국민들에게 접근한다면 그들에 의해 선택될 수는 있을 것이다.

III. 민주화 이후 시대정신

민주화 이후 한국의 대통령선거 결과는 그 시대의 시대정신과 깊은 관련이 있다고 볼 수 있다. 역대 대통령선거에서 당선된 후보들이 내세운 혹은 강조한 문제의식과 해결방향은 유권자들이 공유한 기대와 희망을 반영한 것이었으며 이후 정부를 운영하고 정책을 수행하는 데 있어 중요한 길잡이와 기준점이 되었다. 그렇기 때문에 대통령선거를 두고서 정초(定礎) 선거 즉, 국가의 미래를 결정하고 사회의 틀을 잡는 중대한 선거라고 부르기도 한다 (동아일보 2011/12/19). 대통령선거가 있던 시기 시대정신은 무엇이었으며 선거결과와의 관련성은 어떠했는지 알아보았다.

1. 제13대 대통령선거

먼저 제13대 대통령선거에서 당선된 노태우 후보의 경우 민주화 운동 이후 군부의 지배체제를 종식시키고 민주주의 제도화에 초점을 맞추었다(홍득표 2011). 1987년에 있었던 제13대 대통령선거는 대통령 선거제도를 간선에서 직선으로 개헌함으로써 16년 만에 유권자들이 직접 대통령을 선출할 수 있게 되었다는 점과, 전두환 정부의 군부권위주의에 대항하여 폭발한 민주화에 대한 열망이 최고조에 달했을 시기였다는 점에서 그 당시의 시대정신이 어떠했는지 유추해볼 수 있다.

제13대 대통령선거에 출마한 후보 중 김영삼 후보와 김대중 후보 역시 군정종식과 민주화 실현이라는 시대정신을 가지고 있었다. 그러나 단일후보 선출에 실패했다는 점과 함께 노태우 후보 자신이 '보통사람'임을 내세우며 보다 안정적인 체제이행을 강조한 점이 유권자의 투표행태에 크게 영향을 미쳤다고 말할 수 있다(송근원 1990; 홍득표 2011; 동아일보 2012/04/05;

〈표 1〉 제13대 대통령선거 결과

정당	민주정의당	통일민주당	평화민주당	신민주공화당
후보	노태우	김영삼	김대중	김종필
득표율(%)	36.64	28.03	27.04	8.06

출처: 중앙선거관리위원회 선거통계시스템

중앙일보 2005/09/22; 해럴드경제 2007/12/03).

2. 제14대 대통령선거

제14대 대통령선거가 치러졌던 시기(1992년)의 시대정신에 대해서 일부에서는 13대 대통령선거에 이어 여전히 군부 지배체제에서 민간으로의 이양단계 혹은 군의 탈정치화가 그 시대의 시대정신이었다고 보고 있다(홍득표 2011; 동아일보 2011/12/19). 하지만 이보다 더 크게 주목받는 시대정신이 경제문제와 관련이 깊다고 보는 입장이 적지 않다. 실제로 제14대 대통령선거에 대하여 당시 여론 조사 결과의 대다수는 과거에 주요하게 여겨졌던 정치적 사안 대신 경제적 사안이 유권자의 투표행태에 큰 영향을 미쳤다는 점을 보여주고 있다(김성식 1992; 박경산 1993; 이용환 1995).

제14대 대통령선거에 출마한 김영삼 후보와 김대중 후보, 그리고 정주영 후보는 모두 이러한 당시 시대정신에 부합하는 경제문제 관련 공약과 비전을 제시하였다. 정주영 후보가 정치적 배경이 미약함에도 불구하고 국민들에게서 주목받은 것은 이러한 이유 때문이었다. 그러나 제14대 대통령선거 결과에 대한 일련의 연구들은 그 당시 후보들이 내놓은 경제관련 시대정신과 유권자의 선택 간의 관계에 대해 다음과 같은 분석을 내놓고 있다. 즉, 제14대 대통령선거에서 투표한 유권자들을 대상으로 설문조사를 한 결과, 경제와 관련하여 각 후보들을 지지했던 이유가 후보마다 명확하게 다르다는

<표 2> 제14대 대통령선거 결과

정당	민주자유당	민주당	통일국민당	신정당
후보	김영삼	김대중	정주영	박찬종
득표율(%)	41.96	33.82	16.31	0.00

출처: 중앙선거관리위원회 선거통계시스템

점이다. 특히 물가안정을 중요시했던 유권자의 대다수가 김영삼 후보를 지지했다는 분석 결과와 사전 여러 여론조사 결과에서 유권자가 가장 중요시여긴 경제정책이 물가안정이었다는 결과는 시대정신과 대통령선거 결과와의 관련성을 어느 정도 설명하고 있다.[3]

3. 제15대 대통령선거

제15대 대통령선거에서 당선된 야당 소속의 김대중 후보가 주장했던 것은 '수평적 정권교체'였다. 김대중 후보는 당시 또 다른 야당인 자민련의 김종필 후보와의 연합(DJP연합)을 통해 단일 후보로서 대통령선거를 치렀다. 이것은 '정치세력간의 자유로운 경쟁에 의한 정권교체'라는 민주주의의 기본원리와 관련이 있다. 제15대 대통령선거에서 가장 중요했던 것은 유권자들이 그 어느 때보다도 변화에 대한 강한 열망을 표출했다는 점이다(유재일 1997). 이에 부응하려는 듯 김대중 후보와 김종필 후보는 연합으로서 정권교체라는 변화를 꾀했고, 이인제 후보는 소속해 있던 여당에서 탈당하여 홀로 출마하면서 이른바 '3김정치의 청산'을 주장하고 나섰다.

한편 제15대 대통령선거가 치러졌던 1997년은 국제통화기금(IMF)에 구제금융을 요청한 시기로 국가가 경제적으로 위기에 봉착한 시기였다. 학계에서는 그동안 한국 선거에서 좀처럼 찾아보기 힘들었던 '경제투표'가 15대 대통령선거에 와서 비로소 행해졌다고 보고 있다(이현우 1998; 황아란 2000). 즉, 국가가 경제적으로 위기를 맞은 상황에서 유권자들은 전(前) 정권의 경제상황에 대한 책임을 강하게 물었으며, 이와 함께 앞으로 문제를

---

3) 대통령선거가 있기 전 여론조사 결과로는 경제문제가 중요한 현안으로 떠올랐지만 대통령선거를 치른 후 조사 결과는 지역 대결 변수가 크게 작용한 것으로 나타났다. 그럼에도 불구하고 경제 문제만을 가지고 봤을 때에는 위와 같은 결과가 나왔고, 지역 대결 변수는 한국 선거에서 매번 등장하는 변수이므로 본 연구에서는 이를 고려하여 연구대상에서 제외하였다.

<표 3> 제15대 대통령선거 결과

정당	한나라당	새천년국민회의	국민신당	건설국민승리21
후보	이회창	김대중	이인제	권영길
득표율(%)	38.74	40.27	19.20	1.19

출처: 중앙선거관리위원회 선거통계시스템

잘 해결할 수 있는 후보에게 투표를 하였다는 것이다. 즉, 제15대 대통령선거의 경우 전반적으로 변화를 요구하는 사회적 분위기와 함께 경제적 위기를 극복해야 한다는 시대정신이 대통령선거에서의 유권자 투표로 나타났다고 볼 수 있다.[4)]

4. 제16대 대통령선거

제16대 대통령선거의 특징으로 뽑히는 요인 중 하나는 세대별 지지 후보의 차이다(이현우 2003; 이정진 2007). 그리고 세대별로 지지 후보에 차이를 보였던 것은 당시 새천년민주당 대통령선거 후보였던 노무현 후보가 보여주었던 문제의식 및 개혁방향과 관련이 깊다고 볼 수 있다. 노무현 후보가 제16대 대통령선거에서 내세운 시대정신은 '탈(脫)권위'와 '지역주의 청산' 등으로, 기존의 한국 정치가 보여주었던 구태의연한 모습을 타파하려고 하였다(이현우 2003; 한국일보 2007/09/09; 동아일보 2011/12/19).

그 밖에도 제16대 대통령선거가 있었던 해의 6월에 벌어졌던 '효순이·미선이 미군 장갑차 사건'과 촛불집회와 함께, 노무현 후보가 가지고 있었던 정책들에 대한 진보적인 이념성향 등은 과거 지역 대결 구도에 소속되지 않은 채 기성세대와 이념 차이를 보이는 젊은 유권자 즉, 20대 유권자들이

---

4) 각 후보 간 정책 비교는 유재일(1997)의 논문을 참조하기 바람.

<표 4> 제16대 대통령선거 결과

정당	한나라당	새천년민주당	하나로국민연합	민주노동당
후보	이회창	노무현	이한동	권영길
득표율(%)	46.58	48.91	0.30	3.89

출처: 중앙선거관리위원회 선거통계시스템

노무현 후보에게 높은 지지를 보내는 결과를 가져왔다. 또한, 노무현 후보에게 높은 지지를 보냈던 세대에는 과거 권위주의 정권에 대항하여 민주화 운동을 직접 경험한 이른바 386세대인 30대 유권자들도 포함되어 있었다(이정진 2007).[5] 결국 대통령선거 시기에 벌어진 일련의 사건들과 노무현 후보가 내세운 문제의식 및 청사진은 2002년 시대정신을 반영한 것이었으며 노무현 후보가 제16대 대통령으로 당선될 수 있는 데 중요한 영향을 미쳤다 말할 수 있다.

5. 제17대 대통령선거

제17대 대통령선거에 출마한 후보들은 거의 대부분 일자리와 경제성장, 세금 등 경제문제를 시대정신으로 내세웠다(한국일보 2007/09/09; 중앙일보 2007/12/03; 동아일보 2011/12/19). 당시 한국사회는 각종 경제적 문제

---

5) 젊은 층의 유권자들이 노무현 후보에게 높은 지지를 보낸 것을 두고서, 정몽준 후보와 노무현 후보의 후보단일화 때문으로 분석하는 시각도 존재한다. 두 후보의 정책은 상이한 측면이 많음에도 불구하고 후보단일화를 감행했던 이유는 (후보단일화를 하지 않을 경우) 지지계층의 중첩으로 인해 표가 분산될 수 있으나, 반대의 경우 단일화 후보가 젊은 층의 지지를 효과적으로 결집할 수 있다고 보았기 때문이었다. 당시 정몽준 후보는 '구태의연한 기존의 정치인과 차별된다는 점에서 변화를 주도할 수 있는 인물'로 비춰져 젊은 층의 유권자의 지지를 받았다(이현우 2003).

를 안고 있었기 때문에 대통령선거의 구도는 자연스럽게 '경제'에 초점이 맞춰져 있었다. 나아가 모든 후보가 경제문제를 논하고 있는 상황에서 유권자들은 경제문제를 해결할 수 있는 후보에게 투표하게 될 것이라는 분석은 CEO 출신의 이명박 후보가 제17대 대통령으로 당선된 것을 직·간접적으로 뒷받침해주고 있다(한국일보 2007/09/09). 사실 이명박 후보의 시대정신은 '경제 성장' 이외에 이전 정권들을 심판하는 성격도 포함되어 있었다(가상준 2008; 한국일보 2007/09/09; 중앙일보 2007/12/03; 동아일보 2011/12/19). 제17대 대통령선거가 있었던 당시 한국사회에 내재되어 있는 경제 문제들이 노무현 정권의 잘못에서 비롯된 것이라는 분위기가 적지 않았다. 이러한 상황 속에서 경제성장 및 발전을 기대하는 국민들의 희망이 대통령선거 결과로 나타난 것이라 할 수 있다.

지금까지 민주화 이후의 한국 대통령선거에서 나타난 시대정신에 대해 알아보았다. 한국사회는 대통령선거 시기가 다가올 때마다 대통령선거 후보들의 시대정신이 무엇인지에 주목하고 시대정신이 어떻게 선거에 반영되어 나타난 것인지 조심스럽게 지켜보았다. 그 이유는 무엇보다 대통령선거 결과가 한국사회에 미치는 파급력이 크고, 나아갈 방향의 지표가 되기 때문이다. 대통령선거 후보들은 유권자의 마음을 얻기 위해 유권자들이 원하는 시대정신이 무엇인지 고민하고, 유권자들은 한국사회 시대정신에 맞는 비전을 제시하는 후보를 지지하였다. 민주화 이후 한국 대통령선거에서 나타난 시대정신은 대통령선거에서 당선된 후보들이 지향했던 방향 그리고 정성스럽게 제시한 비전과 정책과 부합하는 모습을 보였다. 이러한 모습은 2012년

<table>
<tr><td colspan="5" align="center">〈표 5〉 제17대 대통령선거 결과</td></tr>
<tr><td>정당</td><td>대통합민주신당</td><td>한나라당</td><td>창조한국당</td><td>무소속</td></tr>
<tr><td>후보</td><td>정동영</td><td>이명박</td><td>문국현</td><td>이회창</td></tr>
<tr><td>득표율(%)</td><td>26.14</td><td>48.67</td><td>5.82</td><td>15.07</td></tr>
</table>

출처: 중앙선거관리위원회 선거통계시스템

대통령선거에서도 나타날 것이다. 즉, 2012년 12월 19일에 있을 제18대 대통령선거 결과는 2012년 시대정신의 구현일 것이기에 무엇보다 시대정신을 파악하는 것이 급선무이다.

IV. 2012년 시대정신

2012년 대통령선거를 앞두고 주요 후보들은 2012년 4월 11일 총선과정과 결과 그리고 2012년 한국사회의 모습을 통해 2012년 시대정신을 파악하려하고 있다. 2012년 총선에서 많이 주목받았던 복지의 확대 그리고 빈부격차, 양극화로 인해 관심이 되고 있는 경제민주화가 가장 많이 논의되고 있다. 복지의 확대는 2010년 지방선거와 2011년 서울시 주민투표에서 논쟁적 사안이 되었던 무상급식의 영향력이 2012년 총선에서 지속되면서 대선에서 확대되고 있는 상황이다. 한편, 경제민주화는 대기업의 무분별한 확장과 이에 따른 중소기업의 도태, 자영업자 확대와 위기, 부익부 빈익빈 문제 등으로 인해 경제적 약자에 대한 보호의 필요성에 의해 제기된 것이다. 경제위기 속에서 경제적 부담을 덜어주는 것이 유권자들이 원하는 희망이기 때문에 복지의 확대와 경제민주화가 많이 논의되고 있다고 하겠다.

유럽의 재정위기와 미국의 높은 실업률, 식어가는 중국의 경제성장은 한국의 경제발전의 발목을 잡고 있다는 점에서 경제에 대한 논의는 유권자 관심의 핵심일 수밖에 없다. 유권자들이 복지를 확대하고 경제민주화를 통해 경제적 약자에게 도움을 줌으로써 경제적 난국을 헤쳐 나가고 위기를 극복하는 것이 유권자들이 원하는 시대정신이라고 대부분의 후보들은 파악하고 있는 것이다. 과연 2012년의 대선 후보들은 시대정신을 정확히 파악하고 있는지 알아볼 필요가 있겠다.

2012년 대통령선거를 앞둔 시점에 한국사회의 시대정신은 무엇인지 알아보기 위해 설문조사를 실시해 보았다. 물론 설문조사를 통해 시대정신을 정확히 파악하기는 쉽지 않다. 그러나 현재 정당들의 주요 후보자들이 대선 슬로건을 통해 그들이 파악한 시대정신을 표출하고 있는 상황이며, 4월에 있었던 국회의원선거를 통해서 민심을 파악할 수 있었던 기회가 있었기에 이를 통해 접근하면 시대정신에 접근할 수 있을 것이다.

설문조사는 리서치 앤 리서치(R&R)에 의뢰해 2012년 7월 21일과 22일 사이 1,000명을 대상으로 실시되었다. 먼저 2012년 시대정신에 대해 알아보기 위해 "시대정신을 국가와 사회의 당면한 국정수행 목표, 미래의 방향과 청사진 그리고 국민에게 희망과 꿈을 줄 수 있는 이상향이라고 한다면, 선생님께서는 다음 중에서 현재 한국사회의 시대정신으로 적절한 것은 무엇이라고 생각하십니까?"라고 물어보았다. 응답자 중 21.2%가 경제성장이라고 하였고, 17.8%가 공정사회, 12.4%가 경제민주화라 하였다. 각 정당 대선후보자들이 강조하고 있는 경제민주화, 공정사회가 높은 비중을 차지하고 있다는 점에서 국민들의 의견을 잘 파악하고 있다고 하겠다.

그러나 국민들이 가장 중요하게 여기는 시대정신은 경제성장으로 나타나고 있다. 즉, 한국사회가 당면한 현실 그리고 국민들이 공유하고 있는 희망은 다른 무엇보다 경제성장이라 하겠다. 한편 정당 대선후보자들이 경쟁하듯이 강조하고 있는 복지국가 건설(9.8%)은 다른 항목에 비해 관심이 떨어지는 것으로 나타나고 있다. 이 결과는 현재 많이 논의되고 있는 경제민주화, 공정(정의로운) 사회, 복지확대에 대해 국민들이 중요하게 생각하는 것은 사실이지만 실제로 경제성장에 대한 희망이 가장 강하다는 것을 보여주는 것이다. 경제성장이 가장 주목받는 것은 유럽의 재정위기, 미국의 높은 실업률, 중국의 경제성장 둔화로 인해 경제상황이 불안해지고 있는 한국사회의 현실 때문이다. 복지확대 및 경제민주화를 통한 경제위기 극복보다는 경제성장을 통한 경제위기 극복을 유권자는 바라고 있는 것이다. 현재 정치권이 집중적으로 논의하고 있는 경제민주화, 복지강화는 국민들이 관심을 끌 수 있지만 경제성장을 위한 방안을 논의하고 제시하지 않는다면 정확한 시대정신을 제대로 파악하지 못하는 것이며 국민의 선택으로부터 멀어질 수밖에 없다는 것을 의미한다.

그러나 여기에서 주목할 것은 2012년은 시대정신을 하나로 명확히 부각되기 어렵게 하는 상황에 처해 있다는 사실이다. 조사결과에서도 나타난 바와 같이 한편으로 경제성장(21.2%)을 강조하는 것 같지만 다른 한편으로 경제민주화(12.4%), 공정사회(17.8%), 복지국가 건설(9.8%) 등의 항목을 강조하고 있는 것이 현실이다. 임성호(2008)의 지적과 같이 탈냉전, 탈산업화, 탈물질주의, 정보화, 지구화 등의 조류와 같은 전환적 사회변화로 인하여 어느 한쪽으로 사람들의 생각이 모아지기 어렵다는 것을 보여준 결과라고 해석할 수 있다. 특히 우리사회는 그동안 산업화, 민주화로 급격한 사회적 전환을 맛보았고, 오늘날에는 신자유주의 이후 등장한 양극화와 세계경제 위기로 대두된 대빈곤사회의 영향으로 국민의 생각을 하나로 모으기 어렵다는 것을 말해준다고 볼 수 있다.

이처럼 사람들의 생각이 하나로 모아지기 어려운 상황에서 특정생각이 바로 시대정신이라고 몰아가기는 매우 어려운 문제라고 생각된다. 시대정신을 반영하기 위한 후보자들의 노력은 정치 슬로건으로 나타난다. 이에 후보자들이 정치 슬로건을 보면 후보자들이 생각하는 시대정신이 무엇인지 알

〈표 6〉 2012년 시대정신

시대정신 항목	비율(%)	시대정신 항목	비율(%)
경제성장	21.2	선진화	4.9
한반도 평화	8.4	복지국가 건설	9.8
경제민주화	12.4	법치주의 확립	8.8
세계화	5.7	기타	0.2
사회통합	7.5	모름/무응답	3.3
공정사회	17.8		

수 있다. 시대정신을 가장 잘 반영한 후보자의 정치 슬로건은 국민들과 공감대가 형성되고 커다란 지지를 받게 된다. 이러한 점은 과거 선거에서 후보자들이 사용한 정치 슬로건을 봄으로써 알 수 있다. 1987년 대통령선거에서 노태우 후보의 "보통사람의 위대한 시대," 1992년 선거에서 김영삼 후보의 "신한국 창조," 1997년 김대중 후보의 "든든해요 김대중, 경제를 살립시다," 2002년 노무현 후보의 "새로운 대한민국," 2007년 이명박 후보의 "국민성공시대"(중앙선데이 2012/07/08)는 간략하게 그 시기에 중요한 목표와 희망을 잘 반영한 슬로건이라 하겠다.[6]

2012년 대선 주요 후보자들의 슬로건에 대한 유권자의 평가를 살펴보면 문재인 후보의 "사람이 먼저다"가 25.4%의 가장 높은 지지를 받고 있는 것으로 나타나고 있다. 박근혜 후보의 "내 꿈이 이루어지는 나라"가 20.1%로 그 뒤를 따르고 있다. 다음은 안철수 후보의 "정의로운 복지국가 건설"이 18.6%로 세 번째로 높은 지지를 받고 있다. 현재 2012년 대통령선거의 관심 후보로 지목되는 문재인, 박근혜, 안철수 후보의 정치 슬로건이 그들에 대한 관심만큼 유권자들로부터 호응을 얻고 있다. 김두관 후보의 "내게 힘이 되는 국가, 평등국가" 슬로건도 크게 주목받고 있음을 알 수 있다. 유권자들이 후보와 그들의 슬로건을 인지하고 선택한 것인지 정확히 알 수는

〈표 7〉 후보자들의 슬로건에 대한 유권자들의 공감 정도

주요 후보자 슬로건	비율(%)	주요 후보자 슬로건	비율(%)
내 꿈이 이루어지는 나라	20.1	사람이 먼저다	25.4
마음껏 대한민국	5.6	내게 힘이 되는 국가, 평등국가	16.2
저녁이 있는 삶	4.9	정의로운 복지국가 건설	18.6

6) 노태우 후보는 권위주의 청산, 김영삼 후보는 안정 속 변화, 김대중 후보는 경륜과 경제, 노무현 후보는 세대교체, 이명박 후보는 국민생활이라는 주제를 담고 있다(중앙선데이 2012/07/08).

없지만 경제민주화, 상식 및 정의를 강조한 "사람이 먼저다," 변화와 민생에 주안점을 둔 "내 꿈이 이루어지는 나라," 그리고 정의롭고 공정한 복지를 중요하게 생각한 "정의로운 복지국가 건설" 슬로건은 복지확대와 경제민주화에 초점을 맞추고 있다. 실제로 유권자들이 원하는 경제성장이 반영된 슬로건은 표면적으로는 찾을 수 없다.

시대정신 파악이라는 맥락에서 2012년 대통령선거를 앞두고 있는 상황을 반영하여 차기 대통령의 최우선 과제로 국민들은 무엇을 생각하고 있는지 알아보았다. 유권자들이 생각하는 차기 대통령 국정 최우선 과제는 현재 한국사회가 필요로 하는 것이 무엇인지 말해주는 것이기에 시대상을 알 수 있다는 점에서 의미가 크다. 이를 알아보기 위해 "선생님께서는 차기 대통령이 우선적으로 추진해야 할 정책은 무엇이라고 생각하십니까? 중요한 순서대로 2가지만 말씀해 주십시오" 라고 부탁하였다. 먼저 1순위로 선택된 최우선 과제에 대한 결과를 살펴보면 〈표 8〉에서 보듯이 경제성장, 일자리 창출, 부패척결 순으로 나타나고 있음을 알 수 있다. 경제성장과 일자리 창출이 1순위와 2순위로 나타난 것은 한국사회가 처한 상황이 무엇인지 말해주는 것이며 경제위기 극복이라는 간절한 유권자들의 희망 및 염원을 보여주고 있는 것이다. 한편 부패척결이 그 뒤를 따르고 있는데 정의로운 사회

〈표 8〉 차기 대통령이 추진해야 할 정책(1순위)

정책항목	비율(%)	정책항목	비율(%)
경제성장	19.9	사회통합	6.4
일자리 창출	16.6	한반도 평화구축	5.3
재벌개혁	4.7	언론개혁	6.4
복지정책 강화	4.4	교육개혁	7.9
부패척결	15.2	기타	0.1
정치개혁	11.3	모름/무응답	1.8

<표 9> 차기 대통령이 추진해야 할 정책(1+2순위)

정책항목	비율(%)	정책항목	비율(%)
경제성장	35.4	사회통합	11.9
일자리 창출	33.9	한반도 평화구축	9.8
재벌개혁	11.3	언론개혁	11.7
복지정책 강화	13.9	교육개혁	16.4
부패척결	28.3	기타	0.7
정치개혁	19.9	모름/무응답	1.8

에 대한 기대감이 나타난 결과라 하겠다. 반면, 복지정책 강화와 경제민주화에서 강조하는 재벌개혁은 각각 4.4%와 4.7%로 유권자들의 국정 우선과제 순위로 보았을 때 후순위에 있다고 하겠다.

유권자들이 선택한 1순위와 2순위를 합친 결과를 살펴보면 위의 결과와 크게 다르지 않게 나타나고 있다. 경제성장이 35.4%로 가장 높고 일자리 창출과 부패척결이 각각 33.9%와 28.3%로 그 뒤를 따르고 있다. 이 결과 또한 경제성장을 위한 대책강구가 최우선되어야 한다는 유권자들의 희망을 보여주는 것이다. 부패척결이 동일한 순위를 보이고 있는데 경제성장과 함께 정의사회 구현에 대한 국민들의 기대를 엿볼 수 있다. 한편 앞서 논의했 듯이 재벌개혁과 복지정책 강화에 대한 의견이 낮게 나오고 있다는 점을 통해 유권자들은 복지강화보다는 경제성장을 중시하고 있다고 할 수 있다.

유권자들은 차기 대통령이 경제성장과 일자리 창출에 집중하길 바라고 있다. 한편, 유권자들은 한국의 발전을 저해하는 요인으로 무엇을 지적하고 있는지 알아보았다. 한국사회 및 경제발전에 어떠한 요인이 장애물로 작용하고 있다고 유권자들은 생각하고 있는지 알아보기 위함이다. <표 10>은 저해하는 1순위에 대한 것으로 정치권의 무능과 대립이 가장 한국 발전을 저해하는 요인임을 보여주고 있다. 부정부패가 그 뒤를 잇고 있는데 이는

<표 10> 한국의 발전을 저해하는 요인(1순위)

저해 요인	비율(%)	저해 요인	비율(%)
정치권의 무능과 대립	25.3	경제적 양극화	11.7
복지제도 미흡	2.3	불안정한 남북관계	6.7
부정부패	21.2	재벌 독점	11.7
불안정한 고용시장	8.3	비타협적 노조	3.4
비효율적 교육제도	6.0	기타	0.3
지역 간 불균형	3.9	모름/무응답	2.0

한국의 발전을 저해하는 첫 번째, 두 번째 요인이 모두 정치인과 깊은 관련성을 띠고 있다는 점을 보여주는 것이다. 유권자들의 정치 불신과 정의롭지 못한 사회에 대한 지적을 발견할 수 있다. 이와 함께 경제적 양극화와 재벌독점이 한국 발전을 저해하는 요인으로 작용하고 있음을 알 수 있다. 정치적 문제 다음으로 경제적 문제 즉, 양극화, 재벌 독점, 그리고 불안정한 고용시장이 지적되고 있다. 특히, 양극화와 대기업 문제가 제시되고 있는 것은 정치권에서 강조하고 있는 경제민주화에 대한 고민의 이유를 설명하는 것이다. 한편, 불안정한 고용시장은 위기의 경제상황을 반영하는 결과라 하겠다.

〈표 11〉은 한국의 발전을 저해하는 요인 1순위와 2순위의 합산한 결과를 보여주고 있다. 위의 결과와 다르지 않게 정치권의 무능과 대립이 한국 발전을 저해하는 첫 번째 요인이며, 부정부패가 두 번째 요인으로 나타나고 있다. 한국발전에 걸림돌이 되는 것은 정치권의 행태라 말할 수 있는데 선거에서 승리를 위해 그리고 유리한 고지를 점령하기 위한 정치권의 극한 대립과 갈등은 여당과 야당 모두에게 부정적인 평가를 가져다 준다는 점을 말해주고 있다. 유권자들이 희망하는 것은 대화와 타협에 의해 결과물을 만들어내고 이를 통해 갈등을 해소하고 화합을 이루는 것이다. 경제적 양극화, 재벌독점, 불안정한 고용시장이 앞선 결과와 마찬가지로 그 뒤를 잇고 있다.

<표 11> 한국의 발전을 저해하는 요인(1+2순위)

저해 요인	비율(%)	저해 요인	비율(%)
정치권의 무능과 대립	39.5	경제적 양극화	22.5
복지제도 미흡	5.8	불안정한 남북관계	13.0
부정부패	38.3	재벌 독점	20.9
불안정한 고용시장	16.6	비타협적 노조	7.9
비효율적 교육제도	13.7	기타	0.7
지역 간 불균형	8.3	모름/무응답	2.0

경제적 약자에 대한 배려와 일자리 창출에 대한 대책 없이는 한국의 발전은 기대하기 힘들다는 점을 보여주는 것이다.

유권자들은 2012년 시대정신으로 경제성장을 공정사회, 경제민주화와 함께 뽑았다. 유권자들은 경제성장, 일자리 창출, 부패척결이 차기 정부에서 추진해야 할 우선과제라 말하였다. 그러나 이러한 경제정책의 추진을 위해서는 경제계의 노력과 함께 정치권의 성숙한 모습이 없다면 불가능하다는 의견을 제시하고 있다. 경제성장, 경제적 약자 보호, 일자리 창출에 대한 희망과 함께 이를 실현하기 위해 요구되는 정치권의 변화된 모습을 기대하고 있는 것이다. 종합적으로 보았을 때 2012년 시대정신은 경제성장을 통해 위기의 경제상황을 극복하는 것이며, 정치권의 쇄신과 정의로운 사회가 이를 위한 선결조건이며 유권자들의 희망이라 말할 수 있겠다.

경제성장과 복지강화에 대한 논의를 좀 더 구체적으로 살펴보기 위해 이에 대한 유권자들의 인식을 좀 더 자세히 알아보았다. 먼저 경제성장과 복지확대가 대립될 때 유권자들은 어떠한 선택을 하는지 알아보았다. <표 12>는 이에 대한 결과를 보여주고 있는데 현재 한국의 경제 수준을 고려할 때 복지예산을 늘려야 한다는 의견이 44.8%로 다수였다. 이에 비해 현 경제수

〈표 12〉 복지예산 관련 질문

항목	비율(%)
경제 성장이 둔화되더라도 복지예산을 더욱 늘려야 한다	15.4
한국의 현 경제 수준을 고려할 때 복지예산을 늘려야 한다	44.8
한국의 현 경제 수준을 고려할 때 복지예산을 줄여야 한다	27.9
경제 성장을 위해서라도 복지예산을 더욱 줄여야 한다	7.8
모름 / 무응답	4.1

준을 고려할 때 복지예산을 줄여야 한다는 의견 또한 27.9%로 높은 비중을 차지하고 있었다. 전반적으로 한국경제수준을 감안할 때 현재의 복지예산은 부족하며 늘릴 필요가 있다는 점을 말하는 것이다. 한편 이러한 응답은 경제성장이 둔화되더라도 복지예산을 늘리자는 것이 아니라 경제수준에 맞게 복지예산을 늘리자는 것이기 때문에 경제성장을 강조하고 있는 앞선 결과들과 배치되는 것이라고 말할 수는 없다.

그러면 복지정책과 관련해서 유권자는 어느 정도의 복지확대를 생각하고 있는지를 무상복지에 대한 의견을 통해 알아보았다. 무상급식 이후 많이 논의되고 있는 무상복지가 선별적으로 제공되어야 하는지 아니면 보편적으로 제공되어야 하는지에 관한 것이다. 이에 대한 결과는 〈표 13〉을 통해 알 수 있다. 대부분의 유권자(54.2%)는 필요한 사람에게 시행되어야 한다는 의견을 밝히고 있다. 무상복지 정책을 단계별로 모든 국민에게 시행해야 한다는 의견 또한 34.9%로 높은 비중을 차지하고 있다. 무상복지 정책을 전면적으로 모든 국민에게 시행해야 한다는 의견과, 시행해서는 안 된다는 의견은 5.9%와 4.2%로 매우 낮은 편이다. 유권자들은 복지예산이 확대되어야 한다는 의견을 보이고 있지만 모든 국민에게 제공되는 복지보다는 필요한 사람들에게만 제공되는 복지를 원하고 있는 것이다. 이는 무상복지의 전면적 확대를 주장하고 있는 많은 후보들의 주장과는 다른 결과라는 점에서

<표 13> 무상복지 관련 의견

항목	비율(%)
무상복지 정책을 전면적으로 모든 국민에게 시행해야 한다	5.9
무상복지 정책을 단계별로 모든 국민에게 시행해야 한다	34.9
무상복지 정책을 필요한 사람에게만 시행해야 한다	54.2
무상복지 정책을 시행해서는 안 된다	4.2
모름 / 무응답	0.8

주요하게 다루어져야 할 필요가 있다.

다음으로 경제상황에 대한 유권자의 의견을 살펴보았다. 현재 경제상황 악화 속에서 경제 위기감과 경제 불안감을 느끼고 있는데, 그 수준은 어느 정도이고 원인 및 해결방안은 무엇이라 생각하는지 알아보았다. 먼저 현재 경제상황에 대해 어떻게 평가하고 있는지 살펴보았다. 경제상황이 안정적이라 대답한 유권자는 23.1%인 데 비해 불안정하다고 대답한 유권자는 75%였다. 경제성장과 일자리 창출에 대한 희망이 현재 경제상황에 대한 유권자들의 부정적 인식에서 기인하고 있음을 알려주었다.

<표 14> 경제상황 평가

경제상황 평가	비율(%)
매우 안정적이다	1.1
안정적이다	22.0
안정적이지 않다	57.7
전혀 안정적이지 않다	17.3
모름 / 무응답	1.9

경제상황이 불안정하다고 대답한 응답자를 대상으로 경제 불안정의 원인은 무엇이라 생각하는지에 대해 알아보았다. 이에 대해 정치권의 무능부패라는 의견(31.0%)이 가장 높게 나와 경제상황 불안의 원인이 경제적 원인에 기인하기보다는 정치적 원인에 기인하고 있음을 발견할 수 있다. 이는 경제적으로 어려운 상황임에도 정치인들의 비타협적인 태도, 국민의 이익을 생각하기보다는 정당의 이익과 개인의 이익에만 치중하는 모습이 경제적 불안정을 유발시켰다는 것이다. 다음으로 불안정한 물가(14.2%), 대기업의 횡포 및 독점(13.8%), 가계 부채(12.3%), 줄어드는 일자리(11.5%)가 경제 불안정의 원인으로 지목되고 있다. 현재 유권자들은 한국의 경제 불안정의 원인을 미국과 유럽 재정위기로 인한 외부적 요인에서 찾기보다는 국내적 요인에서 찾고 있다. 정치권에 대한 불신과 함께 물가와 부채, 대기업의 횡포, 일자리의 감소가 경제 불안정의 원인으로 작용하고 있는 것이다.

다음으로, 경제 불안정 해소를 위해 필요한 과제는 무엇인지 물어보았다(〈표 16〉 참조). 유권자들이 가장 강조하는 것은 대기업과 중소기업 동반성장(22.9%)이었다. 대기업에 대한 강한 규제보다는 동반성장을 위해 협력하는 모습이 문제 해결의 방안임을 제시하는 것이다. 다음으로 정치권의 역할을 주문하고 있는데 정치적 무능과 부패가 경제 불안정의 원인으로 작용하고 있기 때문에 경제문제 해결을 위한 정치권의 적극적인 역할이 필요하다

〈표 15〉 경제 불안정의 원인

경제 불안정 원인	비율(%)	경제 불안정 원인	비율(%)
대기업의 횡포 및 독점	13.8	부동산 시장 침체 지속 하락	6.2
정치권의 무능부패	31.0	가계 부채	12.3
미국과 유럽의 재정 위기	6.8	불안정한 물가	14.2
줄어드는 일자리	11.5	기타	0.4
비타협적 노조	2.3	모름/무응답	1.5

<표 16> 경제 불안정 해결 과제

경제 문제 해결과제	비율(%)	경제 문제 해결과제	비율(%)
대기업에 대한 강한 규제	5.8	부동산 시장 활성화 정책	6.0
정치권의 적극적 역할	20.6	가계 부채 완화	7.4
노조의 협력	2.4	물가 안정	18.6
일자리 창출	13.4	기타	0.6
대기업과 중소기업 동반성장	22.9	모름/무응답	2.3

는 것을 보여주는 의견이다. 다음으로 물가 안정(18.6%)과 일자리 창출
(13.4%)이 경제 불안정을 해소시키기 위해 필요한 과제로 제시되었다. 대기
업의 횡포와 독점이 경제 불안정의 원인으로 크게 작용하지만 대기업을 규
제하기보다는 대기업에 대해 중소기업과의 상생 그리고 일자리 창출에 대한
기대를 갖고 있다고 말할 수 있다. 이는 대기업에 대한 규제 강화를 주장하
는 정치권의 목소리와는 다소 다른 의견이라 하겠다.

다음으로, 한국사회의 갈등상황에 대해 어떠한 시각을 가지고 있는지 알
아보았다. 한국사회는 현재 많은 갈등으로 인해 사회 안정화와 경제발전을

<표 17> 한국사회 갈등상황 평가

사회갈등 상황 평가	비율(%)
전혀 심각하지 않다	1.4
심각하지 않다	11.5
심각하다	60.9
매우 심각하다	23.8
모름 / 무응답	2.4

기대하기 힘든 상황이다. 이로 인해 사회통합을 위한 방안이 강구되어야 한다는 목소리가 크다. 유권자들은 한국사회의 갈등상황에 대해 어떻게 평가하고 있는지 알아보았고, 갈등상황의 원인과 해결을 위해 필요한 것은 무엇이라 생각하는지 살펴보았다(〈표 17〉 참조). 사회갈등 상황에 대해 심각하다는 의견은 84.7%였고 심각하지 않다는 의견은 12.9%였다. 이러한 점은 경제상황에 대한 불안정과 함께 사회갈등이 심각한 수준임을 보여주는 것으로 심각한 사회갈등을 해소시키는 것 또한 사회통합에 필요한 사항임을 알 수 있다.

유권자들은 한국사회 갈등 원인이 무엇이라 생각하고 있는지 알아보았다. 〈표 18〉을 통해 빈부격차가 가장 심각한 원인이라는 점을 알 수 있다. 빈부격차는 경제적 원인에 의한 것으로 경제적 문제가 사회적 갈등의 원인으로 작용한다는 점에서 경제 위기상황을 호전시키고 양극화 및 부익부 빈익빈 문제 해결을 위한 노력이 경주되어야 한다. 이념 갈등과 지역 갈등, 그리고 세대 간 소통 부족이 그 뒤를 따르고 있음을 알 수 있다. 특히 이념 갈등이 빈부 격차에 이어 두 번째로 중요한 원인으로 지목된 것은 이념으로 인해 발생하는 갈등이 점점 많아지고 있으며 심각한 수준에 이르고 있다는 점을 보여주는 것이다. 한편, 전통적인 지역감정으로 인한 갈등뿐 아니라 최근 비선호시설과 선호시설 입지선정으로 인해 발생하는 주변 지역 간 갈등이 심각하다는 점을 말해주고 있다. 반면 노사 갈등 및 교육 갈등이라는

〈표 18〉 한국사회 갈등의 원인

사회 갈등 원인	비율(%)	사회 갈등 원인	비율(%)
지역 갈등	12.6	세대 간 소통 부족	12.2
빈부격차	38.4	노사 갈등	7.3
이념 갈등	19.6	기타	1.4
교육 갈등	4.7	모름 / 무응답	3.8

〈표 19〉 한국사회 갈등 해결과제

사회 갈등 해결과제	비율(%)	사회 갈등 해결과제	비율(%)
지역적 이기주의 극복	16.4	세대 간 원활한 소통	12.7
빈부격차 해소	32.9	노사 협력	6.8
이념 논쟁 지양	16.1	기타	1.0
입시위주 교육 혁신	9.3	모름/무응답	4.8

대답은 매우 낮은 편인데 과거에 비해 노사 갈등의 심각성은 크게 인지되고 있지 않은 편이다.

한국사회 갈등 해결을 위해 필요한 점은 무엇인지 물어보았다(〈표 19〉 참조). 이에 대해 빈부격차 해소라는 응답이 가장 높은 비율을 차지하고 있다. 이는 앞선 결과에서 보듯이 빈부격차가 사회갈등의 가장 큰 원인이라는 점에서 이에 대한 해결이 우선과제라 하겠다. 지역적 이기주의 극복이 16.4%로 뒤를 잇고 있는데 지역 갈등이 빈번해지면서 이를 해소하기 위한 방안이 강구되어야 함을 보여주는 의견이다. 이념 논쟁 지양과 세대 간 원활한 소통이 그 뒤를 잇고 있다. 특히 최근 세대 간 갈등이 점점 문제시되면서 이에 대한 해결의 필요성이 제기된 것이다.

앞선 논의들은 2012년 시대정신을 살펴보기 위한 것이었다. 이어서 새로운 정부가 추진해야 할 과제 및 극복해야 할 문제점 등에 관한 의견을 알아보았다. 먼저 대북문제 및 주변국과의 관계를 통해 국제문제에 대한 의견을 알아보았다. 또한 북한에 대해 어떻게 인식하고 있는지 살펴보았다. 〈표 20〉을 통해 알 수 있듯이 유권자들은 북한을 경계가 필요한 주적이라고 (30.3%) 보기보다는 같은 민족으로 통일의 대상이라고(65.4%) 보고 있다. 북한에 대해 유화적인 입장을 보이고 있음을 알 수 있다.

한반도 평화 그리고 대북지원을 통한 관계 개선 논의가 이루어질 수밖에 없는 상황을 감안할 때 유권자들은 대북지원에 대해 어떠한 의견을 가지고

<표 20> 북한에 대한 생각

북한에 대한 생각	비율(%)
같은 민족으로 통일의 대상	65.4
경계가 필요한 우리의 주적	30.3
모름 / 무응답	4.3

있는지 알아보는 것은 의미가 크다. 이러한 이유로 대북지원에 어떤 의견을 가지고 있는지 알아보았다(<표 21> 참조). 유권자 중 40.1%는 대북지원은 북한의 개방에 상응하여야 한다는 의견을 개진하였다. 이에 비해 37.2%는 대북 지원의 확대를 통하여 북한의 개방을 유도해야 한다는 의견을 피력하였다. 대북지원의 전면 중단에 대한 의견도 18.6%로 높은 편이다. 이에 비해 조건 없는 대북 지원을 주장한 의견은 2.3%뿐임을 알 수 있다. 유권자들은 북한에 대해 유화적인 모습을 보이고 있지만 이들에 대한 지원에 있어서는 유연한 모습보다는 강경한 입장을 보이고 있다.

유권자들의 유화적인 입장에도 불구하고 한반도 지역 평화에 가장 위협적인 국가로 북한을 뽑고 있는 의견이 다수임을 알 수 있다. <표 22>는 북한이 같은 민족으로 통일의 대상이지만 한반도 평화에 가장 위협적인 국가

<표 21> 대북지원에 대한 의견

항목	비율(%)
북한의 개방과 무관하게 적극적으로 지원을 확대해야 한다	2.3
대북 지원의 확대를 통하여 북한의 개방을 유도해야 한다	37.2
북한의 개방에 상응하여 대북 지원을 해야 한다	40.1
대북 지원은 북한 정권을 연장시킬 뿐이므로 전면 중단해야 한다	18.6
모름 / 무응답	1.8

<표 22> 한반도 평화에 위협적인 국가에 대한 의견

위협적 국가	비율(%)	위협적 국가	비율(%)
북한	43.8	일본	11.4
중국	30.0	러시아	1.6
미국	8.4	모름 / 무응답	4.8

라고 생각하고 있으며, 북한에 대한 유화적인 입장이지만 북한에 대한 경계심을 늦춰서는 안 된다는 의견을 보여주는 것이다. 북한 다음으로 중국이 한반도 평화에 위협적이라 생각하고 있음을 알 수 있다. 커져가는 중국의 영향력에 대한 경각심에서 비롯된 의견이라 하겠다. 일본과 미국이 그 뒤를 잇고 있다. 한편 러시아가 위협적인 국가라 대답한 응답자는 1.6%로 한반도 주변국 중 가장 낮은 수치다.

한편, 통일 시기를 묻는 질문에 대해 유권자들은 다소 비관적인 의견을 가지고 있음을 알 수 있다(<표 23> 참조). 10년 이내에 통일이 될 것이라는 의견은 14.1%이었고, 10~20년 사이라는 의견은 29.2%였다. 그러나 30년 이후에나 가능할 것이라는 의견은 27.7%였으며 통일은 불가능할 것이라는 의견도 6.7%로 높은 편이다. 통일의 가능성이라는 관점에서 보면 유권자들

<표 23> 통일 시기에 대한 의견

통일 시기	비율(%)	통일 시기	비율(%)
2~3년 내	1.2	20~30년 내	10.6
3~5년 내	1.5	30년 이상	27.7
5~10년 내	11.4	통일은 불가능	6.7
10~15년 내	15.7	모름 / 무응답	11.7
15~20년 내	13.5		

은 낙관적인 입장이지만 통일의 시기를 놓고 본다면 꼭 그렇지는 않은 편이
다. 유권자들은 북한은 같은 민족으로 통일의 대상이지만 한반도 평화에 위
협적인 존재로 인식하고 있으며, 통일은 단기간에 이루어지지는 않을 것이
라 생각하고 있다. 또한 무조건적인 대북지원보다는 개방수준에 맞춰 지원
수준을 결정하는 정책을 선호하고 있는 것으로 나타나고 있다.

마지막으로 2012년 유권자들은 한국 민주주의 운영에 대해 어떤 평가를
내리고 있는지를 통해 민주주의 만족도를 살펴보았고, 역대 대통령에 대한
평가를 통해 어떠한 역사관을 가지고 있는지 알아보았다. 앞서 유권자들은
한국정치에 대해 불신하고 있는 것으로 나타났다. 그러면 현재 민주주의 운
영에 대한 평가는 어떠하며 운영방식에 대한 선호는 무엇인지 알아보았다.
〈표 24〉를 보듯이 민주주의 운영에 대한 평가로 민주적으로 운영되고 있다
는 응답이 38.1%이며 비민주적으로 운영되고 있다는 대답이 56.2%였다.
민주주의 운영에 대한 불만족스러운 목소리가 만족스러운 목소리보다 큰 편
이다.

민주주의 운영 및 의사결정방식에 대한 의견을 살펴보면 합의형을 선호
하는 목소리가 다수결형을 선호하는 목소리보다 압도적으로 크다는 점을 알
수 있다(〈표 25〉 참조). 합의형의 단점은 합의안을 만들기 위해서는 많은
시간이 소요된다는 점이지만 장점은 참여자가 만족스러운 결과를 얻게 된다

<표 24> 민주주의 운영에 대한 평가

민주주의 운영 평가	비율(%)
매우 민주적으로 운영되고 있다	3.6
민주적으로 운영되고 있다	34.5
민주적으로 운영되고 있지 않다	42.8
전혀 민주적으로 운영되고 있지 않다	13.4
모름 / 무응답	5.7

<표 25> 민주주의 운영방식에 대한 선호도

민주주의 운영방식 선호도	비율(%)
시간이 걸리더라도 합의를 통한 의사 결정	63.0
다수결 원칙을 통한 신속한 의사 결정	35.3
모름 / 무응답	1.7

는 점이다. 이에 비해 다수결형이 가지고 있는 장점은 신속한 처리이지만 단점은 소수파의 의견이 무시되어 반발이 크다는 점이다. 이러한 점을 감안할 때 소수파에 의한 반발로 갈등이 증폭되는 것보다는 시간이 걸리더라도 합의안을 만듦으로써 갈등이 발생되는 것을 막고 대립을 피하자는 의견이 반영된 결과다. 이는 사회갈등의 해결방안으로 경제적 소수자뿐만 아니라 정치적 소수자들의 의견이 존중되어야함을 보여주는 것이고, 국회의 의사결정방식이 다수결형에서 점점 합의형으로 변환하는 이유를 설명하는 것이라 하겠다.

마지막으로 역대 대통령에 대한 비교 평가를 통해 2012년 유권자들의 리더에 대한 의견을 알아보았다. 역대 대통령들에 대한 평가가 항상 동일하게 나타나는 것은 아니다. 이는 평가자와 평가시기에 따라 관심 및 초점이 달라지고 이에 따라 역대 대통령들의 평가는 상이하게 나타날 수 있기 때문이다. 대통령에 대한 역사적 평가 결과가 크게 바뀌지는 않지만 평가시기에 중요하게 논의되는 사안에 따라 조금은 달리 나올 수 있다는 점에서 평가 결과는 시대상을 반영할 수 있다. 이러한 점에서 역대 대통령에 대한 평가가 가지는 의미가 크다고 하겠다(<표 26> 참조). 먼저 한국 민주주의 발전에 가장 큰 역할을 한 대통령이 누구인가라는 질문에 노무현 대통령이라는 대답이 27.6%로 가장 높고, 박정희 대통령과 김대중 대통령이 26.7%, 25.6%로 그 뒤를 이었다. 과거 대통령들에 비해 권위주의 타파를 위해 노력한 노무현 대통령과 정권교체를 통해 한국 민주주의 발전을 가져온 김대중

<표 26> 역대 대통령 평가: 한국 민주주의 발전

대통령	비율(%)	대통령	비율(%)
이승만	2.2	노태우	0.9
윤보선	0.7	김영삼	2.8
박정희	26.7	김대중	25.6
최규화	0.4	노무현	27.6
전두환	1.0	모름 / 무응답	12.1

대통령에 대한 평가가 높게 나타난 것이다. 반면 박정희 대통령에 대한 평가가 높게 나타난 것은 박정희 대통령의 경제발전 노력이 민주주의 발전으로 연계되어 평가된 것이라 말할 수 있다. 반면 문민시대를 연 김영삼 대통령과 초대 대통령인 이승만 대통령에 대한 평가는 박정희 대통령, 김대중 대통령, 노무현 대통령에 비해 긍정적이지 않다.

다음은 한국경제발전에 가장 큰 역할을 한 대통령은 누구라 생각하는지 물어보았다(<표 27> 참조). 박정희 대통령이라는 대답이 74.4%로 압도적으로 높게 나타나고 있다. 김대중 대통령과 노무현 대통령이라는 대답이 각각 8.4%와 4.9%로 그 뒤를 잇고 있다. 한국 산업화에 가장 큰 영향을 미친 박정희 대통령이 한국경제발전에 가장 큰 역할을 한 대통령으로 나타난 것에 대해 이론은 없다. 또한, 김대중 대통령의 경우 IMF 경제 위기를 극복하는데 있어 중요한 역할을 하였기에 박정희 대통령에 이어 두 번째로 경제발전에 역할을 한 대통령으로 평가된 것이다. 한편, 노무현 대통령의 경우 임기 중 경제 불안으로 인해 정권교체의 빌미를 제공하였음에도 3순위로 나타난 것은 다른 대통령들에 대한 평가가 부정적이기 때문이며, 최근 나타나고 있는 노무현 대통령에 대한 새로운 평가가 영향을 미쳤을 것이다.

마지막으로 역대 대통령을 종합적으로 평가할 때 한국사회 발전에 가장 큰 역할을 한 대통령은 누구라고 생각하는지 물어보았다(<표 28> 참조).

〈표 27〉 역대 대통령 평가: 한국경제 발전

대통령	비율(%)	대통령	비율(%)
이승만	0.6	김영삼	1.1
윤보선	0.3	김대중	8.4
박정희	74.4	노무현	4.9
전두환	2.8	모름 / 무응답	7.4
노태우	0.1		

박정희 대통령이라 대답한 응답자가 47.1%로 가장 많고, 김대중 대통령과 노무현 대통령이 각각 19.6%와 15.0%로 그 뒤를 잇고 있다. 경제발전에 큰 공헌을 한 박정희 대통령에 대한 평가가 한국사회 발전 평가에도 연계된 것이며, IMF 위기 극복과 민주주의 발전에 역할을 한 김대중 대통령에 대한 평가가 사회 발전 평가로 이어진 것이다. 노무현 대통령의 경우 민주주의 발전 공헌도가 한국사회 발전 평가로 나타난 것이다.

결국 유권자들에게 있어 박정희 대통령, 김대중 대통령, 노무현 대통령이 높게 평가되고 있다고 하겠다. 이는 박정희 대통령의 경제발전과 김대중

〈표 28〉 역대 대통령 평가: 한국사회 발전

대통령	비율(%)	대통령	비율(%)
이승만	1.5	김영삼	1.7
윤보선	0.3	김대중	19.6
박정희	47.1	노무현	15.0
전두환	1.4	모름 / 무응답	13.2
노태우	0.2		

대통령의 경제위기 극복이 강하게 유권자들의 평가에 영향을 미쳤기 때문이며 참여민주주의와 공정한 분배를 위해 노력한 노무현 대통령의 역할이 현재 중요하게 평가되고 있기 때문이다. 이를 통해 2012년 유권자들은 역대 대통령에 대한 평가에 있어 경제성장, 경제위기 극복, 공정사회를 중요한 요인으로 생각하고 있음을 알 수 있다. 이는 2012년 유권자들이 기대하고 희망하는 것이 무엇인가를 보여주는 한 단면이 될 것이다.

V. 나오는 말

이 글을 통하여 우리는 2012년을 관통하는 시대정신이 무엇인지 살피고자 하였다. 그러나 그동안 우리 사회가 겪은 급격한 사회변화와 최근 몰아친 세계적 경제위기 속에서 시대정신이 하나로 부각되기 어렵다는 것을 확인하였다. 사회의 유동성과 다양성 및 이질성의 증가에 따라 사회적 연대감과 공감대는 약화되고 사회분열이 가속화되면서 민의가 무엇인지 파악하기 힘들어 진 것은 분명하다. 이러한 현상은 우리만의 것이 아니다. 2007년 프랑크프루트 알게마인 신문의 보도에 따르면, 여론조사 기관인 알렌스바흐(Allensbach)의 조사결과 지금 독일에 특정한 시대정신이 '있다'고 한 응답은 42%, '없다'고 한 응답은 29%로 나타났다.[7] '있다'는 응답자 중에도 시대정신을 명확한 개념을 갖고 있지는 않지만 가능한 거리를 두어야 할 부정적인 무엇과 관련시켜 다양한 응답을 하였다고 한다. 이처럼 시대정신을 파악하기 어려운 시대에 우리는 살고있다는 점을 유념할 필요가 있겠다.

이 글에서 우리는 역대 대통령선거를 통해 등장한 시대정신이 무엇이었

---

7) http://www.faz.net/aktuell/politik/zeitgeist-in-deutschland-optimistisch-und-intolerant-1411352.html#Drucken

고, 그 의미는 무엇인지를 상황론적 맥락에서 이해하려고 하였다. 2012년 시대정신은 신자유주의 이후 등장한 양극화 사회, 청년실업 등의 문제를 쓰다듬으려는 복지담론을 중심으로 한 공감의 정신과, 세계적 경제위기를 경제성장을 통하여 돌파하여 우리가 겪고 있는 문제를 극복하자는 경제성장론이 교차하고 있음을 알 수 있다. 따라서 이러한 국민들의 바람을 정책으로 표출하는 데에는 많은 진통이 따를 것으로 보인다. 시대정신이 하나로 수렴되기 어려운 상황에서 특정정책을 무리하게 추진할 경우 거버넌스의 위기와 정치불신을 초래할 우려가 있을 것이다.

정치인의 입장에서 한편으로는 시대정신을 잘 읽어 사회통합을 이루는 정책을 추구할 수도 있을 것이다. 그러나 시대정신을 잘 읽지 못하고 자신이 주장하는 정책을 일방적으로 추진할 경우 자칫 포퓰리즘으로 전락하여 거버넌스의 위기를 초래할 수도 있을 것이다. 지도자가 혜안을 가지고 그 시대의 정신에 더욱 천착할 때 비전이 풍부한 리더십을 창출할 수 있을 것이다. 괴테도 파우스트에서 바그너와의 대화를 통해 "자네가 시대정신이라고 하는 것도 따져보면 그것을 쓴 사람들의 생각이야, 시대에 대한 자신의 생각을 담은 거지"라는 말을 하고 있다. 그렇다. 시대정신은 국민다수의 생각을 그 시대의 지도자가 어떻게 담아내느냐에 따라 달라질 수 있는 것이다. 이 연구의 후속부분은 이러한 유동성과 다양성의 시대에 시대정신의 탐지를 위한 세부 정책영역별 이해의 지평을 넓히기 위한 장이 될 것이다.

【참고문헌】

가상준. 2008. "노무현 대통령에 대한 평가가 2007년 대통령선거에 미친 영향력 분석." 『현대정치연구』 제1권 제1호: 33-57.

고성호·이승헌. 2011년 12월 19일자. "2012대선, 꼭 1년 앞으로 … 승패가를 키워드는?" 『동아일보』.

괴테, 요한 볼프강 폰 저, 김재혁 역. 2012. 『파우스트 1』. 서울: 펭귄클래식 코리아.

김기현. 2011년 12월 19일자. "내년 12·19대선은 新정치 여는 '정초 선거'." 『동아일보』.

김병준. 2012. 『99%를 위한 대통령은 없다』. 서울: 개마고원.

김성식. 1992. "14대 대통령선거의 정치적 의미와 범야권의 과제." 『동향과전망』 제18호: 219-238.

김정욱. 2007년 12월 03일자. "일자리·성장·세금 … 경제가 핵심 이슈." 『중앙일보』.

김 진. 2012년 9월 10일자. "28.6% 차기 대통령의 최우선 시대정신은 사회통합." 『부산일보』.

김현태. 2005년 09월 22일자. "깊이보기: 여론조사 통해 미리 본 2007년 대선 어젠다." 『중앙일보』.

남봉우. 2007년 08월 06일자. "내일신문·서강대 현대정치연구소 공동기획 — 2007 대선, 시대정신을 묻는다." 『내일신문』.

맹찬형. 2007년 09월 09일자. "대선D-100: 대선 화두 '경제' '평화'." 『한국일보』 연합뉴스 제공.

박경산. 1993. "제14대 대통령선거에 나타난 경제적 투표." 『한국정치학회보』 27권 1호: 185-208.

박석호. 2012년 9월 11일자. "D-99 18대 대선 전망: 2012년 시대정신과 변수는." 『부산일보』.

송근원. 1990. "대통령 선거어젠다 분석 — 제 13대 대통령선거 잇슈를 중심으로." 『한국정치학회보』 제24권 제1호: 105-156.

송호근. 2012. 『이분법 사회를 넘어서』. 경기도 파주: 다산북스.

신지홍. 2012년 9월 07일자. "대선 D-100: 시대정신 가져야 대선 승리." 『연합뉴스』.

유재일. 1997. "제15대 대통령선거에서의 정당구도와 선거쟁점." 97년도 한국정치학회 충청지회 학술회의.

이영성·김호기. 2007. 『시대정신 대논쟁』. 서울: 아르케.

이용환. 1995. "제14대 대통령선거에서 여론과 쟁점공약." 『동서연구』 제7권: 151-186.

이정진. 2007. "한국의 선거와 세대갈등: 제16대 대통령선거과정 분석." 『비교민주주의연구』 제3집 1호: 51-92.

이태경·최태원. 2007년 12월 03일자. "집중분석: '시대정신' 담긴 슬로건 … 패배는 없었다." 『해럴드경제』.

이현우. 1998. "전략적 투표행태와 제15대 대통령선거: 한국에서의 경제투표 — 15대 대선분석." 한국정치 특별학술회의1 논문집.

______. 2003. "16대 대통령선거에서 나타난 이슈와 후보자 전략." 한국정치학회 2003년도 춘계학술회의.

임성호. 2008. "시대상황과 국정모델의 조응." 2008년 한국정치학회·관훈클럽 특별학술회의 발표논문.

홍득표. 2011. "당면한 시대정신의 탐색 시도." 『의정논총』 제6권 제2호: 83-103.

홍수영. 2012년 04월 05일자. "동아일보를 통해 본 선거〈下〉: 역대 대선에서 드러난 시대정신은?" 『동아일보』.

황아란. 2000. "경제투표에 대한 정치심리학적 접근: 제15대 대선을 중심으로." 『한국정치학회』 34권 2호: 193-212.

중앙선거관리위원회 선거통계시스템.

제2장

정치통합의 시대적 과제

김재한 ｜ 한림대학교

Ⅰ. 서론

2012년 12월 제18대 대통령선거를 앞두고 시대정신이라는 화두가 자주 등장하고 있다. 한국언론진흥재단 기사검색에 포함되는 경향신문, 국민일보, 동아일보, 문화일보, 서울신문, 세계일보, 한겨레, 한국일보 등 대부분의 전국종합일간신문이 '시대정신'이라는 제목의 기사를 2012년의 기간 중 최소한 한 번 이상 보도한 바 있다.

시대정신의 구체적 내용은 매체와 사람마다 다르다. 전국종합일간신문의 칼럼만 봐도 세계시민의식, 안보, 성장과 고용, 경제민주화 등 다양하다. 공정과 공평을 시대정신으로 본 대권후보도 있고, 정권교체가 시대정신이라고 주장한 야권 인사도 있으며, 특정 대권후보를 시대정신으로 표현한 사람도 있다. 정당 내 대통령 후보 경선 규칙에 대한 논쟁에서 자신의 제안이 시대정신이고 상대의 제안은 시대역행이라고 서로가 주장하기도 했다. 시대정신과 시대역행은 역사가 앞으로 나아간다는 전제하에 언급되는 표현들이다. 시대착오라는 용어 역시 보편적 가치조차 시대에 따라 다를 수 있음을 암시하는 표현이다.

일제시대와 미군정시대에는 '민족독립'이, 빈곤시대에는 '산업화'가, 권위주의시대에는 '민주화'가 시대정신이었다고 말해지곤 한다. 이와 함께 시대정신에 근접한 후보들이 대통령에 당선되어왔다는 주장이 지배적이다. 제13대 대선 노태우 후보의 '보통사람,' 제14대 대선 김영삼 후보의 '군정종식,' 제15대 대선 김대중 후보의 '정권교체,' 제16대 대선 노무현 후보의 '개혁,' 제17대 대선 이명박 후보의 '경제' 등 당선자의 이념과 슬로건이 상대 후보보다 당시 시대정신에 더 가까웠다는 주장이다. 물론 당시 시대정신이 무엇이기 때문에 특정 후보가 당선될 수밖에 없을 것이라는 선거 전의 분석은 별로 많지 않았고, 당선자의 입장이 선거 당시의 시대정신이었다는 선거 후의 분석이 더 많았다.

2012년 12월 제18대 대선의 시대정신은 무엇일까? 한국정당학회의 의뢰로 리서치 앤 리서치가 2012년 7월 실시한 조사자료에 따르면, 제1순위 '현재 한국사회의 시대정신'으로 응답된 과제의 응답자 비율은 '경제성장'이 21.2%, '공정사회'가 17.8%, '경제민주화'가 12.4%, '복지국가 구축'이 9.8%, '법치주의 확립'이 8.8%, '한반도 평화'가 8.4%, '사회통합'이 7.5%, '세계화'가 5.7%, '선진화'가 4.9% 등이었다. 2012년 8월 24~25일 전국 성인남녀 1,000명을 대상으로 무작위 전화면접으로 실시된 MBN 조사에서는 2012년 시대정신으로 28.1%가 '사회양극화 해소'를, 17.6%가 '복지 강화'를, 16.2%가 '사회 대통합'을, 14.3%가 '정의 평등'을, 9.4%가 '경제민주화'를 들었다.

이에 비해 오피니언 리더들을 대상으로 실시한 조사에서 '제18대 대통령이 구현해야 할 시대정신'으로 응답자의 28.6%가 '사회통합'을, 16.6%가 '공정사회'를, 16.3%가 '경제성장'을, 12.3%가 '경제민주화'를 들었다(부산일보 2012/09/10). 다수의 전문가들은 제18대 대선의 시대정신을 '통합'으로 보고 있다(세계일보 2012/09/10). 제18대 대선의 여러 후보들도 통합, 화합, 공영(共榮), 공존(共存), 공생(共生), 상생(相生)[1] 등 용어가 조금씩 달라도 그런 종류의 가치를 시대정신의 하나로 보는 듯하다.

양단(兩端; all-or-nothing) 상황을 극복하려는 시대정신은 오늘날 한국사회에서만 등장하는 것은 아니다. 1726년에 출간된 스위프트(Jonathan Swift)의『걸리버여행기』에 나오는 소인국 내 두 정당 간 싸움은 당시 영국의 토리(Tory)당과 휘그(Whig)당 간의 싸움을 풍자한 것이다. 정치적 양극화를 극복하려는 시대정신은 탈(脫)근대적 가치라기보다 근대적 가치에 더 가깝다. 고·중세시대 권력경쟁에서 패배한 자는 목숨을 내놓았던 경우는 허다했고 초기 근대시대조차 예외가 아니었다. 화합의 시대정신은 목숨까지 담보되었던 시대에 더욱 필요했다. 그래서 근대 민주주의가 발명 내지 발달되었다고 볼 수 있는 것이다.

만일 옛 사람들이 현대 민주주의 사회를 본다면, 목숨이 걸려있지도 않은 사안들에서 사생결단(死生決斷)식 양단 현상이 전개되고 있음에 대해 의아하게 생각할지도 모른다.『걸리버여행기』에 나오는 소인국에서 높은 굽을 신어야 한다고 주장하는 정당과 낮은 굽을 주장하는 정당 간의 싸움이 치열했는데, 굽 높이 자체는 그렇게 중요했던 것이 아니다. 또 조선시대 효종의 장례를 1년상(喪)으로 해야 한다고 주장하는 서인과 3년상(喪)으로 해야 한다고 주장하는 남인 간 싸움에서도 복상(服喪)기간 자체가 중요했던 것은 아니다. 물론 1년상으로 정하게 되면 효종이 장자가 아니었음을 공식화시키는 것이 되고 그것은 당파 간 주도권 싸움에 영향을 주기 때문에 어떤 면에서는 중요한 사안이기도 했다. 걸리버여행기 소인국에서의 당파 싸움도 이슈 자체에 의한 논쟁이라기보다 패거리 간 경쟁으로 이해해야 한다. 오늘날 한국 정치에서도 심각하게 싸우고 있는 이슈 자체에서의 당사자 간 차이는 심각하지 않을 때가 많다.

한쪽이 다 가지고 다른 쪽은 전혀 가지지 못하거나 아무도 가지지 못하는

---

1) 오행(五行)설에서의 '상생' 의미는 '함께 산다'는 뜻의 공생과는 조금 다르다. 상생과 상극(相剋)은 서로에게 동일하게 영향을 준다는 뜻보다, 한쪽이 다른 쪽에게 일방적으로 영향을 준다는 뜻이 더 강하다. 그렇다고 해서 상생이라는 용어에 서로가 서로에게 생(生)한다는 의미가 전혀 없는 것은 아니다.

양단의 대립 대신에, 화합적인 경쟁이 되어야 한다는 것이 오늘날 한국의 시대정신인 듯하다. 이 글은 통합 또는 화합이라는 시대적 과제를 위한 정치개혁을 논하고자 한다. 정치개혁 논의는 새로운 아이디어가 더 이상 나올 수 없을 정도로 이미 수많은 글들이 나와 있으며, 필자의 글만 해도 적지 않은 편이다.[2] 이 글에서는 새로운 개별 아이디어를 제시하는 것 대신에 분열과 통합의 의미를 정리한 후, 통합 지향적 정치개혁 방향을 정당, 선거, 의회, 정부/비정부기관 등의 분야에서 각각 하나씩 제시하고자 한다.

II. 분열은 늘 나쁜 것인가?

분열의 정도는 분열의 기준, 분포, 관계 등으로 측정될 수 있다(김재한 2001). 먼저, 사회를 나누는 기준이다. 유권자들 간 균열(cleavage) 기준이 있는 사회는 그렇지 않은 사회보다 더 분열적이라고 할 수 있다. 분열의 정도는 단순히 균열 기준의 개수로 정해지는 것은 아니다. 균열 기준의 수가 많은 사회가 더 분열적일 때도 있고, 반대로 균열 기준의 수가 적은 사회가 더 분열적일 때도 있다.

둘째, 하나의 균열 기준상에 유권자들이 어떻게 분포하고 있느냐는 것도 주요한 지표이다. 중간지대가 얇은 사회(발산적 분포)는 중간지대가 두터운 사회(수렴적 분포)보다 더 분열적이라고 말할 수 있다. 좌우 이념적 기준에서는 좌우보다 중도가 더 두터운 상황이 더 통합적이라고 말할 수 있다. 여기서 말하는 중도는 권력에 따라 좌에 붙었다 우에 붙었다 하는 박쥐식 행태를 의미하지 않는다. 그러한 행태는 좌우 스펙트럼에서 좌도 아니고 우

---

2) 이 글에는 김재한(2001; 2012) 등 필자의 기존 연구 일부를 인용표기 없이 그대로 따온 문장들이 있음을 밝힌다.

도 아닐 뿐 아니라 중도도 아니다. 권력 지향적이기 때문에 단기적으론 권력의 안정성에 일조하여 통합적 기능을 수행하는 것 같지만, 장기적으론 정책일관성에 부정적 영향을 주어 분열적 성향을 증대시킨다. 그렇다고 자신의 교조적 주장을 양보하지도 않고 남의 합의적 결정을 인정하지도 않는 비타협적 근본주의자도 통합에 도움 되지 않음은 물론이다.

셋째, 균열 기준들 간의 관계가 어떠한가에 따라 분열의 정도를 진단할 수 있다. 하나의 균열 기준으로 다른 균열 기준에 의한 유권자 분류를 판별할 수 있는 사회는 그렇지 못하는 사회보다 더 분열적이라고 볼 수 있다. 일치균열(coinciding cleavage)은 개별 균열 기준들이 밀접히 상호 관련되어 있어, 하나의 균열 기준으로 나머지 균열 기준에서의 입장이 모두 설명되는 것을 말한다. 예컨대 A와 B가 모든 균열 기준에 의해 동일한 집단에 속하고 A와 C는 모든 균열 기준에 의해 서로 다른 집단에 속한다면, A와 C는 매우 양극단화된 집단인 것이다. 반면에 교차균열(cross-cutting cleavage)은 균열 기준 간에 아무런 관련이 없는 것이다. 한 균열 기준에 따라 A는 B와 같은 집단에, C와는 다른 집단에 속하지만, 다른 균열 기준에 의하면 A가 C와 같고 B와는 다른 집단에 속할 수 있는 것이다. 이해관계가 서로 다른 여러 집단에 소속되어 있을 때 타 집단에 대한 태도는 심리적인 교차압력(cross-pressure)에 의해 온건해진다. 따라서 교차적 균열은 집단 간 대립을 완화시키는 것이다.

적절한 수준의 대외적 위협은 대내적 분열을 억제시킨다. 냉전시대 미국에서 성조기단결(rally-round-the-flag), 즉 대외 위기 시 대내적으로 단결하는 현상은 자주 관찰되었다. 미국을 포함한 여러 국가들은 냉전이 끝난 지금 오히려 국내적 분열의 심화라는 문제에 직면해 있다. 퓨연구소(Pew Research Center)의 조사에 따르면 48개 가치관의 미국 공화당-민주당 간 차이는 1999년부터 2012년 현재까지 지속적으로 증대되고 있다. 아메리카합중국(United States of America)이 아메리카분열국(Disunited States of America)으로 되었다는 비유도 있다. 미국 정치의 분열적 경향은 냉전이 끝나 공동의 적이 없다는 사실에 부분적으로 기인하는 것이다.

　2012년 4월에 실시된 제19대 국회의원선거에서 제1야당은 여당에 반대하는 세력들을 규합하려고 하였고, 여당은 북한에 호의적인 세력이 포함된 야권의 수권능력을 문제 삼았다. 북한 문제뿐 아니라 전통적인 지역적 균열과 연령대적 균열이 선거결과에 그대로 반영되었다.

　사회통합에는 높은 수준의 동질성이 필수적이라는 주장과 달리, 협의제(consociationalism) 또는 합의제(consensus) 이론은 여러 하위사회가 지속적으로 존재하는 분열된 사회도 이질적 집단의 지도자들이 문화적 다양성의 분열적 효과에 대해 의도적으로 대처한다면 통합될 수 있다고 주장한다(Lijphart 1977; 김재한·레입하트 1997). 레입하트(Lijphart 1977)는 민주사회가 분열되었다고 해서 무조건 불안정하지 않으며 엘리트들이 협력한다면 안정적일 수 있다고 보았다. 분열된 사회의 정치엘리트들이 서로 적대적일 때 그 사회는 원심적이며 가장 불안정하다. 반면에 분열된 사회의 정치엘리트들이 자신이 속한 집단의 입장을 적절히 반영하되 다른 집단을 대표하는 정치엘리트에 대해서 서로 협력적일 때 민주체제는 안정적이라는 것이다. 〈그림 1〉에서 정치엘리트(@) 간의 입장 차이(ㅡ)가 유권자 차원의 두 집단 간 차이(---)보다 더 작을 때 정치적 안정은 실현될 수 있다는 것이다.

　이에 비해 대한민국 현실에서는 정치엘리트 차원의 양극화가 유권자 차

〈그림 1〉 발산형 유권자 분포와 수렴형 정치엘리트 분포

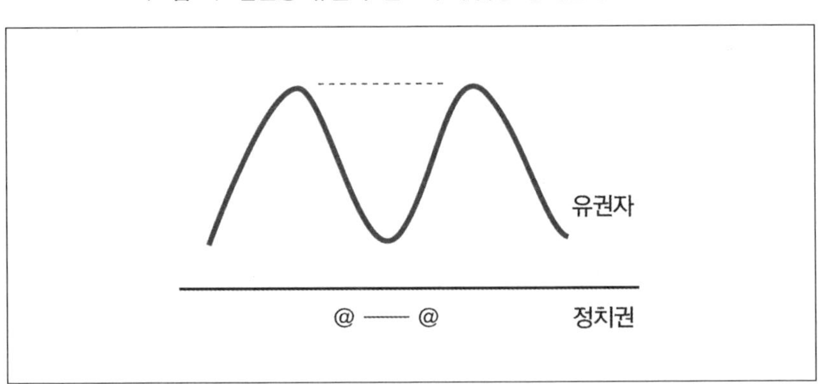

원보다 더 심화되어 있다. 양극화 증폭 과정은 〈그림 2〉로 요약될 수 있다. 정당과 시민단체 등의 여러 활동을 통해 이해관계에 따른 유권자 분포보다 더 양극화된 정파지지의 분포가 형성된다. 또 유권자들이 주요 정당에게 전략적으로 투표함으로써 주요 정당은 자신에 대한 지지도보다 더 높은 득표율을 얻어 투표선택의 양극화 정도는 정파지지의 양극화보다 더 심화될 수 있다. 또 소선거구제 등의 선거제도로 인해 주요 정당이 과대대표됨으로써 투표선택보다 더 양극화된 의석분포가 발생하기도 한다. 또 정당공천 등의 이유로 의석분포보다 더 심화된 의정활동의 양극화가 발생하게 되는 것이다. 〈그림 1〉과는 반대로, 정치엘리트 분포가 유권자 분포보다 더 양극화되는 것이다.

동질 사회이고 정치엘리트가 협력적이면 늘 안정적일 것 같지만, 실제로는 그렇지 않다. 정치엘리트들이 대표하는 집단이 서로 다르지도 않은 상태에서 정치엘리트들 간의 협력은 담합이 될 가능성이 높기 때문이다. 따라서 사회가 분열되지 않았다고 무조건 안정적인 것이 아니고 또 사회가 분열되

〈그림 2〉 정치적 양극화의 증폭 과정

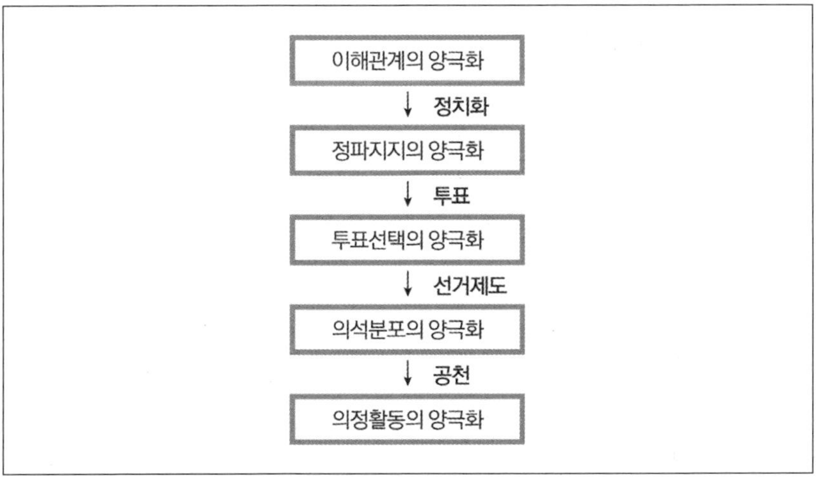

이해관계의 양극화

↓ 정치화

정파지지의 양극화

↓ 투표

투표선택의 양극화

↓ 선거제도

의석분포의 양극화

↓ 공천

의정활동의 양극화

출처: 김재한(2012)

었다고 해서 무조건 불안정해지는 것은 아닌 것이다.

외국과의 협상에서 자국의 내부 분열을 적절히 이용하여 유리한 대외협상 결과를 얻을 때도 있다. 또 덜 민주적인 체제에서는 적당한 대립이 장기적으로 안정성을 높인다. 분열을 인정하지 않는 사회는 전체주의사회이다. 분명히 이해관계가 다름에도 불구하고 이견들이 표출되는 것을 억제하여 소수의 의견을 무시하고 마치 전체의 의견인양 사회를 몰고 가는 것은 바로 독재이다.

분열 자체를 없애려다 보면 민주주의 자체를 부정하기가 쉽다. 정당민주주의의 기반은 유권자들 간의 분열과 균열이다. 유권자들이 분열되어 있지 않으면 정당정치는 처음부터 불가능하다. 뒤집어 말하면, 분열된 이해관계를 적절히 조정함으로써 사회통합을 지향하는 것이 민주정치이다.

세상의 이치를 음(陰)과 양(陽)으로 설명하는 음양설에서 음과 양은 대립된다는 의미보다 상호보완적이라는 의미가 강하다. 순음(純陰) 또는 순양(純陽)으로 구성된 체제는 조화를 이루지 못하는 것이다. 즉 '하늘 없는 땅'과 '땅 없는 하늘'처럼 분리되면 본래의 순기능이 약화된다. 너무 동질적이면 부동조화(不同調和)의 결과를 가져올 수가 없다. 마찬가지로 좌가 있기 때문에 우가 있는 것이며, 우가 있기 때문에 좌가 있는 것이다. 좌우의 조화가 필요하다. 좌 또는 우 한가지로 되어 있을 때, 처음에는 이것이 좋은 듯하나 결코 그 체제가 오래 갈 수 없다. 다원사회에서 좌와 우는 함께 존재할 수밖에 없다.

2000년 미국 대통령선거에서 민주당 고어 후보는 공화당 부시 후보보다 더 많은 표를 얻었지만 대통령이 되지 못했다. 이러한 사건이 한국에서 발생했다면 선거결과가 그대로 수용되었을까? 2000년 미국 대통령선거 개표에 관련된 여러 반전들을 보면, 연방 법원, 주 대법원, 주 의회, 주 장관, 카운티 개표원 등 무수히 많은 사람들이 선거결과에 큰 영향을 주었으며, 그들은 하나같이 당적을 보유한 사람들이었다. 그렇지만 그들의 정당관련이 불법행위를 가져오지는 않았으며, 법 테두리 내에서 자신의 정파이익에 충실하였던 것이다. "인간이 아니라, 신과 법에 따르겠다"는 고어 후보의 2000

년 대선 패배 시인 연설은 법제도를 따르는 것이 분열을 억제하고 화합을 가져오는 것임을 보여주었다. 법치는 분열을 극복하여 통합을 이루는 전제조건이다. 오늘날 한국사회에 있어 통합이 실천되지 못하는 이유는 자신과 다른 합리적 상대를 인정하지도 않고 법도 지키지 않기 때문이다.

분열 자체를 없애는 것 대신에 합리적인 분열이 필요하다. 정책 방향을 종합적으로 나타내는 이념은 정책방향 제시라는 역할보다 패거리의 기준으로 기능하고 있다. 이념논쟁은 논리적인 싸움과 합리적인 합의로 구성되어야 하는데, 한국의 이념논쟁은 무조건 지지와 무조건 반대로 나뉘는 패거리 싸움이다. 제주 해군기지, 한미FTA, 국가보안법, 주한미군, 대북정책, 재벌규제 등에 대한 찬반입장이 합리적인 원칙 대신 자신 패거리의 입장에 따라 좌우되는 것이다. 심지어 종교계와 문화계에 대한 선호도 자신 패거리와의 관계에 따라 영향을 받는다. 합리적 중간이 쌍방으로부터의 비난에서 벗어나 중재적 합의가 되려면 분열이 패거리적이지 않아야 한다.

레입하트는 동질사회에선 다수제 방식이 바람직하다고 하였다. 왜냐하면 집단 간 분열이 없는 동질사회에서는 누가 정권을 획득하든지 상관이 없기 때문이다. 늘 다수에 끼지 못하는 특정 집단이 존재하지 않고 만일 존재하더라도 그 소수를 소외시키지 않는 한 권력을 분산시킬 필요가 없다.

반면에 종교, 언어, 계급, 이념, 지역 등으로 분열된 다원적·이질적 사회에서는 집권자가 누구냐에 따라 사회의 각 집단에 끼치는 영향이 크다. 특정 집단이 권력을 독점하면 권력을 차지하지 못한 집단에게 불이익이 발생할 가능성이 크기 때문에 분열적인 사회에서는 다수제가 아닌 비례대표제(합의제)가 필요한 것이다. 분열된 사회에서 국가내부의 집단 간 이해관계는 서로 상충하고 단순과반수제에 의한 승자인 51%는 나머지 49%의 이익을 무시하기 쉽다. 만일 분열된 사회에서 하나의 연합이 영원한 우위를 차지한다면, 그 사회는 정치적으로 불안정할 것이다. 왜냐하면 그 승리연합에 대해 소수가 수용하기를 거부할 것이기 때문이다.

여러 나라들 비교에서 다수제가 합의제보다 더 높은 소요건수와 정치적 사망자수를 보여주었다(김재한 2001). 다만 비(非)다원적이고 유권자 분포도 수렴형인 사회에서는 다수제가 더 낮은 소요건수와 사망자수를 보여주었다. 즉 정치적 안정을 위해서는 동질적 사회엔 다수제가, 분열사회에서는 합의제가 필요한 것이다. 만일 한국사회가 발산형의 유권자 분포를 지닌 분열적 사회라면, 다수제보다 합의제가 정치적 안정을 가져다 줄 것이다.

III. 어떤 정당체제가 통합 지향적인가?: 다당제 vs 양당제

실제 한국 유권자와 정치엘리트의 분포를 비교해보면 정치엘리트 차원의 양극화가 유권자 차원보다 더 심화되어 있음을 알 수 있다. 〈그림 3〉의 상단 그림은 유권자가 자신의 이념성향에 대해 '매우 진보'를 0점으로, '매우 보수'를 10점으로 응답한 내용을 집계한 것이고, 하단의 그림은 제18대 국회의원이 자신의 이념성향에 대해 응답한 내용을 집계한 것이다. 중도라고 응답한 비율은 국회의원이 유권자보다 낮았다. 스스로를 매우 보수적이라고 보는 비율은 유권자가 국회의원보다 높다는 점을 제외하고는 정치엘리트는 유권자 분포보다 더 발산하여 포진되어 있는 것이다. 즉 유권자 차원보다 정치엘리트 차원에서 더 분열적이라고 말할 수 있다.

만일 좌우 분포의 양극단에 대부분의 국회의원들이 몰려있다면, 그 국회는 매우 대립적일 것이다. 만일 양극단 대신 가운데에 많은 의원들이 몰려있다면, 그만큼 대립 가능성은 적을 것이다. 국회의원들의 분포가 양극화이냐 아니냐는 것은 국회의원들의 성향에 의해서만 좌우되는 것이 아니다. 정당체제에 따라 정치인의 분포가 달라진다.

양극화는 기본적으로 일차원 잣대에 의한 논의이다. 여러 줄로 세울 때보다 한 줄로 세울 때 양극화가 더 잘 관찰된다. 양당체제에서는 이 정당이나

저 정당이냐로 코딩이 간단히 되기도 한다. 이에 비해 3개 이상의 정당이 있을 때에는 코딩이 명확하지 않다. 한 정당을 나머지 두 정당 값의 가운데 값으로 코딩할 수 없기 때문이다. 그래서 여러 연구들은 다당제에서의 투표를 특정 정당에게 투표했느냐 아니면 다른 특정 정당에게 투표했느냐로 코딩하기도 하고, 또는 특정 정당에게 투표했는지 여부로 코딩하기도 하며, 또는 아예 정당투표가 아닌 좌-우 혹은 진보-보수라는 일차원적 이념으로 코딩하기도 한다. 이처럼 피아(彼我)의 구분이 다당제에서는 애매하기 때문에 극단화는 양당제와 관련 있다고 인식되어 왔다.

<그림 3> 2008년 유권자 및 국회의원의 이념분포

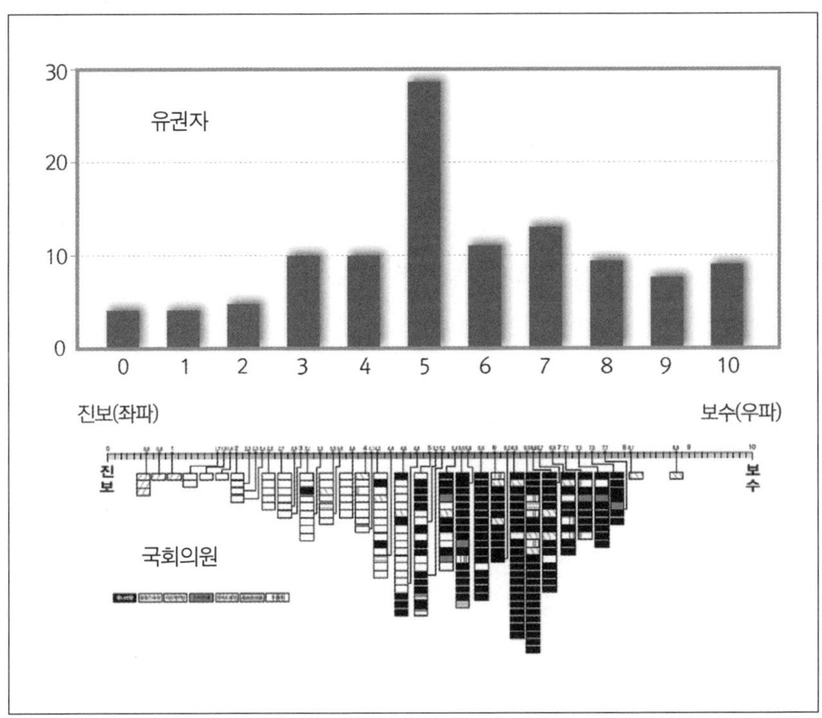

출처: 김재한(2012)
자료: 한국사회과학데이터센터(2008), 중앙일보(2008/05/16)

흔히 다당제보다 양당제에서 집단 간 대립이 더 심할 것으로 생각하지만, 실제 양당제와 다당제 간의 극단화 차이는 그렇지 않다. 양당제에서는 몇 가지 조건이 충족되면 극단화가 오히려 완화된다. 양당제인 미국 공화당과 민주당 간의 차이는 최근 증대되었지만 다른 다당제 민주국가와 비교해서는 작은 편이다.

만일 두 정당만 존재한다면, 좌파 정당은 중도 성향의 유권자 지지를 얻기 위해 중도 쪽으로 가까이 이동할 것이고, 또 마찬가지로 우파 정당도 중도 성향의 유권자 지지를 얻기 위해 좌측으로 이동하기 쉽다. 두 개 정당 모두 상대 표를 더 뺏어오기 위해 극단으로 가지 않고 중간투표자(median voter)가 있는 지역으로 가는 경향이 있어 극단화가 덜 되는 것이다. 이는 중간투표자정리(median voter's theorem)로 설명되어 왔다. 즉 양당제에서 두 정당은 중도 성향 유권자의 지지를 얻기 위해 중도로 수렴하는 경향을 보인다. 이처럼 양당제는 기본적으로 수렴적인 정파적 분포를 유도하지만, 몇몇 조건이 충족되지 못하면 극단적 대립 모습을 띠게 됨은 물론이다.

이에 비해 다당제는 오히려 극단화를 유지하는 경향이 있다. 중도층이 두텁다 하더라도 여러 정당이 모두 가운데로 모이지는 않는다. 여러 정당들이 있다 보니 다른 정당과의 차별성이 득표에 도움이 될 것이다. 극단적 유권자의 지지를 얻으려는 정당도 있게 마련이다. 물론 다당제는 수렴을 유도하지 않는 동시에 양자대립이라는 극단적 양극화를 유도하지도 않는다. 다당제에서는 정치엘리트의 입장들이 유권자 분포와 유사하게 분포하는 경향이 있는 것이다. 따라서 유권자 분포가 다소 극단적일 때 정치엘리트 차원에서라도 수렴하는 모습을 만들려면 양당제가 채택되어야 한다.

양당제이냐 다당제이냐를 법제도가 결정하는 것은 아니다. 만일 뒤베르제 법칙이 옳다면 소선거구제는 양당제를, 비례대표제는 다당제를 가져다주는 경향이 있다. 또 균열 기준이 한둘이면 양당제와 다수제의 경향을, 균열 기준이 둘 이상일 때엔 다당제와 합의제의 경향을 보인다(김재한·레입하트 1997). 소선거구제 도입은 양당제를 통해 극단화 완화 효과가 있겠지만 소선거구제 자체의 부정적 분열 효과도 있을 것이다. 분열 사회에서는 다수제보다 합의제가 더 통합 지향적이다.

Ⅳ. 어떤 선거제도가 통합 지향적인가?: 소선거구제 vs 비례대표제

2012년 4월 11일 제19대 국회의원선거의 결과는 다음 날 거의 모든 언론에서 홍동황서(紅東黃西)의 지도로 보도되었다. 즉 동쪽은 붉은 색 로고의 새누리당이 대다수의 의석을 차지했고 서쪽은 노란 색 로고의 민주통합당이 다수의 의석을 차지한 것이다. 이런 선거결과는 중첩적(overlapping)이거나 교차적인 모습이 아니기 때문에 매우 분열적이라고 말할 수 있다.

제19대 국회의원선거결과를 지역별로 보면, 강원지역에서 새누리당은 51.3%, 민주통합당은 33.5%의 정당 득표율을 얻었다. 2008년 제18대 국회의원선거에서 새누리당 전신인 한나라당은 45.5%의 정당표를 얻었고 민주통합당의 전신인 통합민주당은 18.6%를 얻었다. 친박연대의 정당득표율이 12.3%이라는 점을 감안하면, 2012년 새누리당의 정당득표율 51.3%는 2008년 한나라당과 친박연대의 정당득표율 합인 57.8%에 훨씬 미치지 못했다. 그럼에도 불구하고 2012년 강원지역의 9개 선거구 모두에서 새누리당 후보가 당선된 이유는 소선거구제 자체의 특성에 기인한다. 소선거구제에서는 전체 득표율이 중요하지 않고 각 지역구에서 1위이냐 아니냐는 것만 중요하다.

이는 다른 시도에서도 유사하게 발견된다. 울산, 부산, 경남, 충북에서 새누리당 정당득표율은 각각 49.5%, 51.3%, 53.8%, 43.8%이었는데 의석비는 각각 100%, 88.9%, 87.5%, 62.5%의 의석비를 얻었다. 서울에서는 새누리당이 42.3%의 정당득표율과 33.3%의 의석비를 얻은 반면에, 민주통합당은 38.2%의 정당득표율과 62.5%의 의석비를 얻었다.

만일 소선구제 대신에 비례대표제에 의해 국회의원 당선자가 결정되었다고 하면 뚜렷한 홍동황서의 그림이 되지는 않았을 것이다. 새누리당이 석권한 강원과 울산은 비례대표제의 경우 붉은 색깔이 각각 51.3%와 49.5%만 포함되었을 것이고, 또 붉은 색깔이 새누리당 의석비 33.3%만큼만 들어간 서울도 비례대표제였더라면 새누리당 득표율 42.3%로 붉은 색이 증가되었을 것이다. 물론 선거제도가 바뀌면 일부 유권자의 투표선택도 바뀌기 때문에 조금 차이는 있겠지만, 동쪽 지역과 서쪽 지역 간 색깔차이는 비례대표제에서 크게 완화될 것임은 분명하다.

석패율제 등 현재 언급되고 있는 선거제도는 위헌여부가 주장될 수 있고 또 의도한 효과가 크지 않을 수 있다. 지역할거의 정도를 낮추기 위해서는 권역별 비례대표 또는 대선거구제와 같은 선거제도가 더 효과적이다. 물론 비례대표제는 명부 작성에서 발생할 수 있는 정당지도부의 강한 영향력이 부정적 효과를 낼 수도 있다. 주요정당 지도부의 힘은 이미 현행 소선거구제에서도 강한 상태이다. 지난 선거에서 무소속 당선자는 3인에 불과하였다. 이미 다수의 유권자가 주요정당 중심으로 결집하여 대립하는 분열적 모습을 보이고 있기 때문에 소선구제가 정당의 대(對)의회 우위를 억제하지는 못한다.

분열된 사회에서 소선거구제는 많은 사표(死票)를 양산한다. 원칙적으론 당선자가 아닌 후보에게 투표한 표는 국정에 잘 반영되지 않을 수 있다. 이에 비해 비례대표제에선 적은 표는 적은 대로, 많은 표는 많은 대로 당선자 구성에 반영되기 때문에 사표가 상대적으로 적다고 말할 수 있다. 동질적인 사회에서 사표는 별 문제가 되지 않는다. 대표되지 않은 이해관계가 대표된 이해관계와 근본적으로 다르지 않기 때문이다. 반면에 이질적인 사회에서 대표되지 않은 사표는 남에 의해 대리 대표될 수가 없기 때문에 최소화시킬 필요가 있는 것이다.

지지 유권자의 입장 분포와 국회의원의 입장 분포는 소선거구제보다 비례대표제에서 더 유사하다. 소선거구제에서는 어떤 정당에게 투표한 유권자의 이념분포가 그 정당의 국회의원의 이념분포와 다를 수밖에 없다.

〈그림 4〉의 2008년 제18대 국회의원선거에서 통합민주당과 한나라당에게 투표한 유권자의 평균 이념점수는 각각 4.6점과 6.6점으로 그 차이는 2.0점이었다. 이에 비해 통합민주당 국회의원의 이념점수 평균은 3.8점인 반면, 한나라당 국회의원의 평균은 6.2점이었다. 양대 정당 간 평균 이념점수 차이는 2.4점이었다. 이러한 국회의원 이념의 정당 간 차이는 통합민주

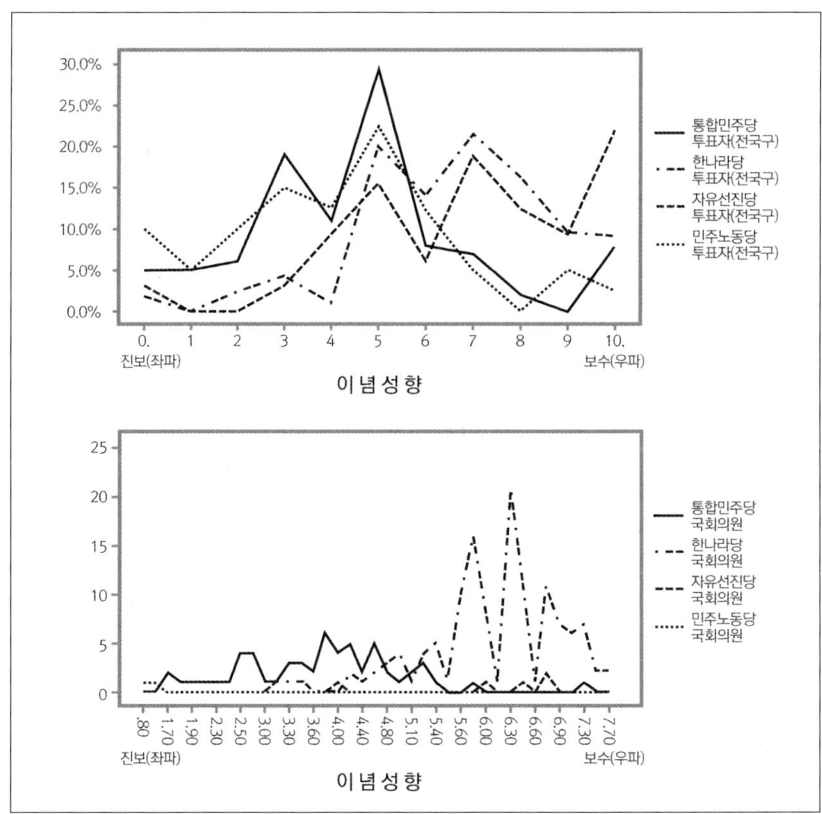

〈그림 4〉 2008년 유권자 및 국회의원의 정당별 이념분포

출처: 김재한(2012)
자료: 한국사회과학데이터센터(2008), 중앙일보(2008/05/16)

당 지지 유권자와 한나라당 지지 유권자 간 평균 차이보다 0.4점 더 큰데, 국회의원 이념의 정당 간 차이가 지지 유권자 이념의 정당 간 차이보다 더 크다는 사실은 통계학적으로 유의한 수준이다.

만일 비례대표제였더라면 지지 유권자의 이념분포와 해당 정당 소속 국회의원의 이념분포 간 차이가 감소하였을 것이고, 동시에 이념분포의 정당 간 차이도 지지 유권자 차원과 국회의원 차원이 유사했을 것이다. 즉 정치 엘리트 차원의 양극화는 유권자 차원보다 더 심화되지 않을 수 있는 것이다.

V. 어떤 의회운영이 통합 지향적인가?: 다수제 vs 초다수제

제18대 국회는 의사당 내에서 최루탄, 해머, 전기톱 등이 등장한 폭력과 무질서의 모습을 여러 차례 보였다. 〈그림 5〉는 미국의 잡지 포린 폴리시(*Foreign Policy*)가 2009년 "세계에서 가장 무법한 의회들(The World's Most Unruly Parliaments)" 5개 가운데 첫 번째로 소개한 대한민국 국회의 모습이다.

영국 등 다수제적 전통의 의회에서는 합의가 되지 않을 때에 단순과반수의 뜻대로 결정이 이루어져야 한다는 데에 합의가 되어 있는 반면에, 대한민국 국회의 의사운영에 관해서는 법령에 따라 의석 단순과반수의 의사가 국회의 결정이 되어야 한다는 견해 그리고 반대로 원내 소수의 의사도 동등하게 반영되어야 한다는 견해가 대립하고 있다.

제18대 국회에서 폭력적 모습을 강하게 보였던 의원들의 제19대 국회의원선거에서의 재선 비율은 그렇지 않은 의원들보다 더 낮지 않은 듯하다. 과격한 의정활동을 유권자들이 원했던 것일까? 폭력적이고 단호한 의정활동을 선호하는 유권자도 있겠지만, 다수의 유권자는 국회 폭력을 혐오한다.

〈그림 5〉 세계 5대 무법 의회의 첫 번째 사진

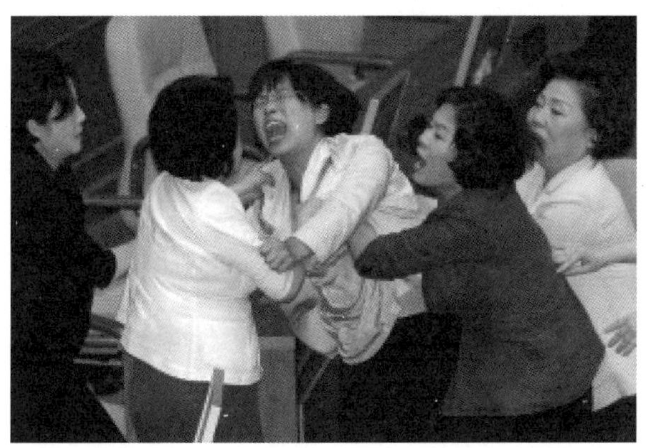

출처: Keating(2009)

다만 당 지도부의 지침에 따라 몸을 사리지 않고 충실히 당론을 따른 의원들은 당세가 강한 지역구에서 재공천 받을 가능성이 높았을 뿐이다.

2012년 5월 2일 제18대 국회 마지막 본회의는 국회법을 개정하여 제19대 국회부터 적용되도록 하였다. 국회운영의 원칙으로 3/5 초다수(super-majority)제를 일부 채택한 것이다. 국회법 제106조 2항에 따르면, 의원이 본회의에 부의된 안건에 대하여 시간의 제한을 받지 아니하는 토론(무제한 토론)을 하려는 경우 재적의원 3분의 1 이상이 서명한 요구서를 의장에게 제출하여야 한다. 의장은 해당 안건에 대하여 무제한 토론을 실시하여야 한다. 이 경우 의원 1인당 1회에 한정하여 토론할 수 있다. 무제한 토론을 실시하는 본회의는 무제한 토론 종결 선포 전까지 산회하지 아니하고 회의를 계속한다. 이 경우 회의 중 재적의원 5분의 1 이상이 출석하지 아니한 때에도 회의를 계속한다.

의원은 무제한 토론을 실시하는 안건에 대하여 재적의원 3분의 1 이상의 서명으로 무제한 토론의 종결동의를 의장에게 제출할 수 있다. 무제한 토론의 종결동의는 동의가 제출된 때부터 24시간이 경과한 후에 무기명투표로 표결하되 재적의원 5분의 3 이상의 찬성으로 의결한다. 무제한 토론의 종결

동의에 대하여는 토론을 하지 아니하고 표결한다. 무제한 토론을 실시하는 안건에 대하여 무제한 토론을 할 의원이 더 이상 없거나 무제한 토론의 종결동의가 가결되는 경우, 의장은 무제한 토론의 종결 선포 후 해당 안건을 지체 없이 표결하여야 한다.

무제한 토론을 실시하는 중에 해당 회기가 종료되는 때에는 무제한 토론은 종결 선포된 것으로 본다. 이 경우 해당 안건은 바로 다음 회기에서 지체 없이 표결하여야 한다. 무제한 토론의 종결이 선포되었거나 선포된 것으로 보는 안건에 대하여는 무제한 토론을 요구할 수 없다. 예산안과 세입예산안 부수 법률안 등에 대한 무제한 토론, 계속 중인 본회의, 제출된 무제한 토론의 종결동의에 대한 심의절차 등은 12월 1일 자정에 종료한다.

또 의장의 직권상정 요건을 강화하였고, 본회의에서의 안건신속처리제(fast track)를 도입했다. 상임위에 회부된 모든 법안은 자동으로 상정되기 때문에 상정여부를 두고 대치를 하지 않게 되었다. 소관 상임위원회 재적 3/5의 찬성으로 신속처리안건으로 지정되면 본회의에 회부하게 되어 있다.

제19대 국회는 국회법상 단순과반수 대신 3/5의 동의가 필요할 때가 많기 때문에 그 이전 국회보다 더 합의제적이다. 국회 의석을 어느 정당 혹은 정당연합도 3/5 의석을 확보하지 못하면 의안 가결에 어려움을 겪게 되어있다. 의안 가결의 조건이 높으면 높을수록 변화를 가져올 가능성은 낮아진다. 효율적 의회 운영보다 합의 우선의 취지이다.

이러한 국회법 개정으로 단순과반수가 모든 의안을 좌지우지하지 못하고 3/5 정도의 합의가 필요하게 되었다. 또 국회 의석 2/5가 되지 않는 세력이 의사일정을 원천적으로 봉쇄할 수 없게 하였다. 이처럼 원내 40~49%를 차지하는 의견이 과거보다 중요해졌기 때문에 국회 내 폭력 사태는 더 이상 나오지 않아야 한다. 그러나 불법적 파행은 한국 정치문화 속성상 나올 수밖에 없다는 전망도 있다. 그럴 경우 단순과반수제로의 회귀가 주장될 것이다. 법이 준수되지 않는다면 진정한 통합은 불가능하다.

다수제이냐 초다수제이냐는 문제는 국회뿐 아니라 정치권과 사회 전반에서도 의사결정방식에 관한 주요 이슈이다. 한국정당학회의 의뢰로 리서치

〈표 1〉 사회갈등 체감 수준에 따른 다수제/합의제 선호

		민주주의 운영방식으로 어느 것을 더 선호하십니까?		합계
		시간이 걸리더라도 합의를 통한 의사결정	다수결원칙을 통한 신속한 의사결정	
전반적 갈등상황	심각함	65.0%	33.6%	100%(847)*
	심각하지 않음	53.8%	46.2%	100%(129)

*모름/무응답(1.4%)을 포함한 수치임
자료: 한국정당학회(2012)

앤 리서치가 2012년 7월 조사한 자료에서 응답자의 63.0%가 "시간이 걸리더라도 합의를 통한 의사결정"을 더 선호하였고, 응답자의 35.3%가 "다수결

〈표 2〉 다수 의견에 대한 인식

"대부분의 국민이 원하는 것이라면 소수의 사람이 그것을 비판해서는 안 된다."

1984년 조사 (한배호 · 어수영 1987)

전적 반대	14.4%
약간 반대	19.4%
약간 찬성	24.1%
전적 찬성	41.5%
무응답	0.6%
	100%(1,551)

1996년 조사 (세종연구소 1996)

전적 반대	26.3%
약간 반대	36.3%
약간 찬성	25.8%
전적 찬성	11.2%
무응답	0.5%
	100%(1,200)

출처: 김재한(1997)

<표 3> 소수 의견에 대한 인식

"다수의 의견에 반대되는 말을 대중 앞에서 발표하는 것을 허락해서는 안 된다."		
1984년 조사 (한배호·어수영 1987)		
	전적 반대	38.0%
	약간 반대	27.6%
	약간 찬성	18.1%
	전적 찬성	15.9%
	무응답	0.4%
		100%(1,551)
1996년 조사 (세종연구소 1996)		
	전적 반대	39.3%
	약간 반대	39.8%
	약간 찬성	15.4%
	전적 찬성	5.1%
	무응답	0.4%
		100%(1,200)

출처: 김재한(1997)

원칙을 통한 신속한 의사결정"을 더 선호하였다. 다수제보다 합의제를 더 선호하는 것으로 보인다. <표 1>에서 보듯이, 현재 한국사회의 전반적 갈등 상황을 심각하게 보는 사람일수록 합의제적 운영방식을 더 선호하였다.

다수 지배를 당연하게 여기는 입장은 과거보다 점차 약화되는 경향이다. <표 2>에서 "대부분의 국민이 원하는 것이라면 소수의 사람이 비판해서는 안 된다"고 생각한 비율은 1980년대 60~70%에서 1990년대 30~40%로 감소되었고 오늘날은 더욱 감소되어 있을 것이다. <표 3>의 "다수의 의견에 반대되는 말을 대중 앞에서 발표하는 것을 허락해서는 안 된다"고 생각한 비율도 1980년대 30~40%에서 1990년대 20% 정도로 감소되었으며 오늘날 더욱 더 감소되어 있을 것이다.

VI. 어떤 정부–비정부 관계가 통합 지향적인가?: 선수 vs 심판

　삼권분립의 민주주의제도에서는 여와 야 간의 견제만큼 입법부와 행정부 간의 견제와 균형을 전제한다. 폭력사태에 대해 야당은 여당을 대통령, 청와대, 행정부 등의 하수인으로 비하하기도 한다. 국회 양극화의 이면에는 행정부의 영향력이 크다는 점도 있다. 대통령이 국회와 자주 접촉을 갖고, 대통령이 어렵다면 정무장관이 국회에 나가 정기적으로 설명하고 경청하는 제도가 필요하다. 미국 윌슨(Woodrow Wilson) 대통령의 의회 방문은 당시 양극화된 미국 의회의 협조를 잘 얻은 것으로 평가되고 있다. 여당과 행정부 간의 당정 협력채널뿐만 아니라 입법부와 행정부 간의 협력채널이 존재해야 한다.

　합의제적 특성으로는 정당이나 행정부가 의회에 대해 우월하지 않는다는 점뿐 아니라 연방제와 같은 지방분권도 포함된다(김재한·레입하트 1997). 진정한 의미의 지방자치가 실시된다면 중앙정치를 무대로 하는 분열적 대결 양상은 약화될 것이다.

　한국사회여론연구소가 2009년 7월 28일 전국 19세 이상 남녀 1,000명을 대상으로 실시한 ARS조사에서 "우리 사회의 여러 관계들 중에서 소통이 제일 안 되는 관계"로 응답자의 46.7%가 '정부와 국민'을, 26.2%가 '보수와 진보'를, 9.1%가 '노동자와 사용자'를, 5.5%가 '청년세대와 기성세대'를, 4.1%가 '부모와 자식'을 들었다(Weekly Opinion No.46, 2009/08/05).

　오늘날 정치과정에서는 정부기관뿐 아니라 비정부기관(NGO)의 기능도 중요하다. 비정부기관의 출현은 나라마다 다르다(김재한 2009). 시장이 먼저 형성된 곳에서는 시장을 견제하는 정부가 등장한 후 다시 정부를 견제하는 비정부기관이 등장하였다. 이와 달리 정부가 먼저 형성된 곳에서 시장은 정부의 보호와 규제 속에 성장하였고 과대해진 시장을 시민단체가 견제한다. 〈그림 6〉에서처럼 정부, 시장, 시민단체의 3자관계는 시민단체의 태동 배경에 따라 다르다.

언론도 광의의 비정부기관이다. 중도가 다수이고 좌와 우가 소수에 불과하더라도 방송토론 등 각종 토론회에서는 좌우 균형이라는 이유 때문에 중도는 배제되고 좌와 우만이 참여하는 경우가 많다. 즉 중도는 대표되지 못하고 좌와 우가 과대대표되는 것이다. 실제 이해관계 차원보다 더 강한 양극화가 여론수렴 차원에서 형성되는 것이다.

정파 간 경쟁에 있어 언론과 시민단체의 심판 기능이 강화되어야 한다. 미국처럼 특정 언론이 특정 정당이나 특정 후보를 지지할 수 있는 나라가 있지만, 한국에서는 특정 정파에 대한 언론의 공식 지지는 허용되지 않는다. 그렇지만 한국의 언론은 정치판에 선수로 참여하고 있지, 심판으로 참여하고 있지 않다. 공식적인 정파 지지가 허용되는 미국 언론보다도 심판 기능이 약하다. 한국의 언론은 특정 정파에 가까운 언론과 다른 특정 정파에 가까운 언론으로 구분할 수 있다. 시민단체도 마찬가지이다. 공식적으론 정

〈그림 6〉 정부, 시장, 시민단체의 3자관계

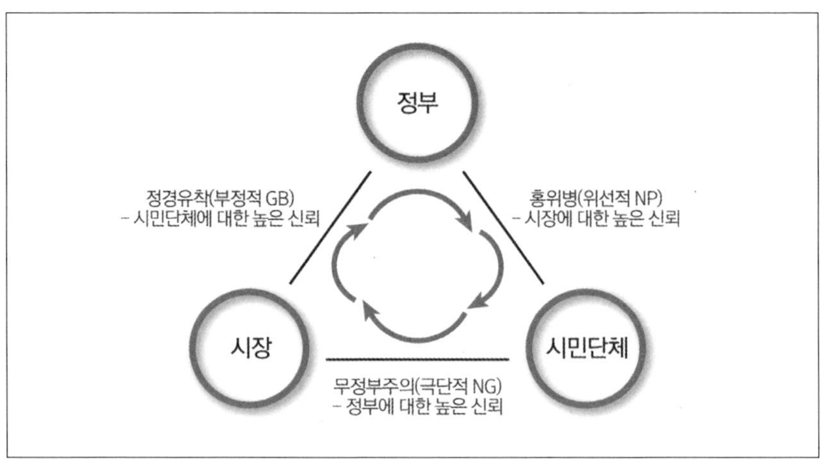

출처: 김재한(2009)

파를 초월하여 활동하는 것으로 되어있지만, 실제로는 특정 정파의 외곽단체로 활동하고 있는 것이다. 학계나 전문가집단도 심판으로 활용되지 못하고 있다. 객관적으로 판정해줄 것이라고 기대하여 중재나 조정을 요청하지도 않는다.

제3자가 중재안을 직접 제시하는 것보다 쌍방의 제안 가운데 하나를 중재안으로 채택하는 방식이 통합 지향적이다. 일반적인 협상에선 자신의 주장을 더 과격하게 요구하는 경향이 있다. 이와 달리 최종안중재(final offer arbitration) 방식은 중간투표자정리처럼 수렴을 가져다줄 가능성이 있다. 최종안중재 방식은 쌍방이 각자 제안하고 그 두 제안 가운데 좀 더 중간적인 안을 제3자가 최종적으로 채택하는 제도이다. 이 제도에서는 자신의 제안이 채택되도록 하기 위해 자신의 입장을 고수하지 않고 타협적인 중간적 안을 제안하게 되기 때문에 쌍방의 입장이 수렴될 수 있다는 것이다.

VII. 나가는 말

민주주의가 발달할수록 의회나 정치에 대한 국민의 신뢰 수준은 낮아진다(김재한 2012). 그런 맥락에서 정치 불신과 분열은 민주주의의 필요악으로 볼 수도 있다. 그렇지만 과도한 불신과 분열은 민주주의 자체를 파괴하기 때문에 통합을 지향해야 하는 것이다.

분열 지향적인 정치제도도 있고 통합 지향적인 정치제도도 있다. 마찬가지로 분열 지향적 정치문화와 통합 지향적 정치문화도 있다. 연령대 간 차이를 세대 간 정치적 갈등으로 규정할 필요가 없다(김재한 2006). 패거리적 문화에서는 사회통합이 쉽지 않다. 오늘날 한국의 통합적 시대정신은 피아를 구분하지 못하게 획일적으로 동일하게 만드는 것이 아니다. 대신에 자신과 다른 합리적 상대를 인정하는 다원주의이다.

　다양함 속에서 통합적인 결정이 되기 위해서는 게임규칙에 대한 합의가 필수적이다. 단순과반수이든 아니면 3/5, 2/3, 3/4와 같은 초다수제이든 그것에 대한 지속적 합의가 이루어져야 한다. 합의된 게임규칙의 준수는 분열을 극복하여 통합을 이루는 필수조건이다. 지나친 정치화 현상은 통합에 도움 되지 않는다. 원리와 원칙에 진행하면 될 것을 정치화시키다 보면 대립이 발생하게 되고 그렇다보면 유권자들이 특정 세력을 중심으로 각각 결집하게 되고 이것은 곧 정치적 양극화로 가는 경향이 되는 것이다.

【참고문헌】

김재한. 1997. "한국의 권력구조 선호." 국제평화전략연구원 편. 『한국의 권력구조 논쟁』. 풀빛.
_____. 2006. "정치적 세대갈등의 오해와 이해." 『의정연구』 제12권 2호.
_____. 2009. 『동서양의 신뢰』. 아카넷.
_____. 2012. 『대한민국 국회 ─ 불신과 양극화』. 한림대학교출판부.
김재한 편. 2001. 『분열의 민주주의』. 소화.
김재한·레입하트. 1997. "합의제와 한국의 권력구조." 『한국정치학회보』 제31집 1호.
세종연구소 편. 1996. 『제15대 총선분석』. 세종연구소.
한국사회과학데이터센터. 2008. 『제18대 국회의원선거 유권자 조사』.
한국정당학회. 2012. 『2012년 한국 사회의 시대정신에 관한 설문조사』.
한배호·어수영. 1987. 『한국정치문화』. 법문사.

Keating, Joshua. 2009. "The World's Most Unruly Parliaments." *Foreign Policy*, September(http://www.foreignpolicy.com/archive).
Lijphart, Arend. 1977. *Democracy in Plural Societies*. New Haven: Yale University Press.

제3장

결국 정치이다:
복지국가의 사회적 요구와 정치적 수용

강명세 | 세종연구소

I. 서론

한국사회는 지난 2년 전부터 '복지논쟁'의 급물살 속에서 아직 좌표를 정하지 못한 채 서성대고 있다. 상대적 잣대를 기준으로 하면 한국의 정치경제는 현재 중대한 길목에 있다. 근대화 이후 국방안보에 전념해 왔던 한국은 순식간에 불어난 폭발적 복지수요에 답하지 못한 채 무방비 상태에 있다. 복지의 요구는 기본적으로 민주주의의 불평등성에 대한 저항이다. 이 글은 오늘날의 '시대정신'으로 부상한 복지국가와 관련하여 몇 가지 질문을 제기하고 그 해답을 제공하는 것을 목표로 한다. 물론 해답은 또 다른 문제제기의 연장이다. 지난 2년 동안의 사건은 한국 민주주의에 대한 재평가를 필요로 할 만큼 중대한 의미를 갖는다. 과거 수십 년 동안 한국은 자본주의 발전에 따른 경제적 불평등의 문제를 비교적 겪지 않았다. 역동적 시장의 지속적 발전은 민주주의를 다지는 초석 역할을 함으로써 이 땅에서 쉐보르스키

(Adam Prezworski) 등이 남미경험을 보며 우려했던 민주주의의 역행은 일어나지 않았다. 이 글은 다음과 같은 일련의 질문에 답하려는 시도이다. 왜 복지국가의 요구가 급팽창했는가? 한국의 중산층은 서민층의 전유물로 여겼던 사회정책의 확대를 요구하는가? 왜 그런가? 복지에 호의적인 정치제도는 있는가? 어떤 제도가 선출 정치인으로 하여금 시민의 요구에 보다 적극적으로 응대하는가? 글의 순서는 다음과 같다. 첫째, 불과 2년 사이에 복지수요가 왜 이렇듯 폭증하게 되었는지를 설명한다. 둘째, 저소득층과 중간계층이 제기하는 복지수요를 설명하고, 이들이 원하는 바가 무엇인지를 살펴본다. 셋째, 정치참여와 정책의 관계를 설정한다. 복지를 원하는 집단과 계층이 정치참여를 통해 선호를 분명히 하지 않는 한 정치엘리트는 그들의 요구에 귀 기울이지 않는다. 정치인이 관심을 갖는 다른 경쟁적 요구가 존재하기 때문이다. 넷째, 사회정책에 호의적 정치제도에 관하여 논의한다.

II. 복지국가의 시대적 요청

한국의 민주주의는 1997년 금융위기를 경계로 하여 '불평등한 민주주의'로 변해가고 있다. 불평등 민주주의에서 복지에 대한 요구는 당연한 것이다. 그러나 역사에서 당연한 것은 없다. 역사적 계기를 통해 발생할 뿐이다. 지난 3년 동안 복지국가란 말처럼 언론에서 자주 등장한 말도 없다. 다른 쟁점에 비해서 복지국가의 경우는 상대적으로 더욱 그렇다. 이전까지 거의 존재하지 않던 것 같은 용어가 갑자기 부상하여 헤드라인을 장식하고 있다. 복지국가의 경우와 같이 이렇듯 단기간에 여론의 담론을 지배한 경우는 흔치 않다. 불평등에 대한 사회적 저항이 수면위로 부상하면서 거대한 흐름을 이루게 되자 한국정치는 실현하기 불가능한 포퓰리즘으로 대응했다. 박근혜와 같은 보수적 정치인조차도 복지정책을 가장 핵심적 캠페인 정책으로 전환했다. 복지국가는 선진국에서는 아주 보편적 언술이다. 선진국 시민은 일상에서 복지국가를 경험한다. 실업을 당하면 실업급여를 신청하고, 아프면 의료보호를 받을 때 바로 복지국가를 대면한다. 또한 나이가 들어 은퇴하면 연금으로 노후를 준비한다. 복지는 인생의 중요한 일부가 아닐 수 없다. 각종 사회정책은 복지국가를 구체적으로 실행하는 도구이다. 그러나 복지국가가 동일한 모습은 아니다. 국가와 시대에 따라 크게 다르다.

한국이 선진국 형태의 사회정책을 수용하기 시작한 것은 오래지 않다. 복지국가의 모습은 그 사회의 역사적 경로를 반영하는 것이라는 점에서, 한국 복지국가는 그 역사를 반영하듯 연륜이 일천하며 사회정책은 두텁지 못하다. 서구적 형태의 기초는 1997년 외환위기의 발발로 거슬러 올라간다. 한국의 본격적 복지국가는 국제통화기금의 요청에 따라 추진된 구조조정의 일환으로 시작하였다. 당시 국제통화기금의 깡드쉬 총재는 한국을 방문하여 사회적 안전망이 전무한 상황을 보고 최소한의 사회정책을 요구했다. 그렇지 않으면 커다란 사회적 저항에 직면할 것임을 직감했던 것이다.

이처럼 '타의에 의해' 출범한 한국복지국가는 이후 선진국이 오랜 세월을

<그림 1> 양극화 추세(1990~2011)

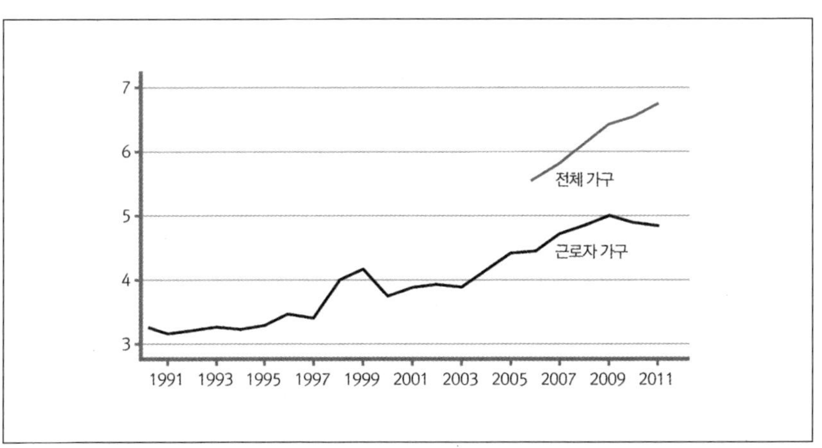

출처: 통계청

두고 구축한 복지국가로 이행하지 못했다. 한국의 정치적 조건이 달랐기 때문이다. 김대중 대통령 당선 이후 자타가 공인하는 진보정부는 재집권에 성공하여 10년을 지배했지만 약속했던 복지국가는 달성되지 못했다. 오히려 진보정부 10년 동안 세계적 불균형 속에서 소득불균형은 더욱 악화되었다.

〈그림 1〉의 분기별 자료를 보면 최저 10% 소득 대비 최고 10% 집단의 소득차이는 지속적으로 벌어지고 있다. 진보정부가 자신을 지지해준 투표자 집단에 보답하지 못한 것이다. 한국유권자는 1997년 외환위기 이후 징벌적 투표의 경향을 보인다. 투표자는 이념적 또는 회고적 투표의 행태를 보인다.[1] 일군의 학자는 이념 혹은 정책을 중심으로 하는 투표를 가정해왔다(Downs 1957; Enelow and Hinich 1984). 그러나 한국 투표자의 다수는 이념적 선택이 꽉 막혀있는 정치적 현실에서 이념적 투표를 할 여유를 누리지 못했다.[2] 투표자의 입장에서 한국정당이 약속해 왔던 정강은 그간의 역사를 볼 때 신뢰하기 곤란했다. 한국투표자는 회고적 투표이론이 가정했던 행태를 보여준다.[3] 1987년 민주화 이후 실제로 처음 등장한 금융위기는 징벌적 투표를 강화했다.

진보정부가 사회정책에서 보여준 '무능'은 2008년 대선에서 단죄되었다. '단죄'는 회고적 투표로 이루어졌다. 이념이나 정책과 관계없이 집권 정부와 정당에게 책임을 묻는 것이다.[4] 노무현 정부 임기 말에 민주당의 대선후보는 보수정당 후보에게 대패했다. 현정부의 책임을 중시하는 회고적 투표자는 '진보' 세력을 권력에서 끌어내리고 보수정당에게 권력을 위임했다. 그러

---

1) 이에 대한 최근의 평가는 Bartels(2011) 참조.
2) 분단의 상황에서 좌파는 이미 북쪽에 자리잡고 있기 때문에 한국전이 끝난 후 남쪽의 진보는 세력을 확장하기 불가능했다.
3) Achen and Bartel(2004). 이들은 합리적 유권자가 후보와 정당의 정책을 비교 평가한 후 투표장으로 간다는 것은 지나치게 합리적인 설명이고 비현실적이라고 주장한다.
4) 회고적 투표론(Fiorina 1981)에 따르면, 투표결정은 이념적 노선이 아니라 단기적 이해에 따라 이루어진다고 본다. 비슷한 논의에 의하면 최근 남미에서 좌파정부의 득세는 남미 시민의 좌경화가 아니라 우파정부의 실정을 징벌한 것이라고 본다(Murillo, Oliveros and Vaishinav 2010).

나 18대 대선은 책임을 꾸짖는데는 준엄했지만, 그렇다고 복지국가가 확대된 것은 아니었다. 이명박 보수정부는 복지와는 정반대 대척점에 있는 성장정책에 집착했다. 이명박 정부는 재분배와 성장의 이분법 논리에서 복지가 성장을 저해한다는 입장에 서서 미국 공화당처럼 감세-투자증대를 통한 성장을 견인하려 했다. 복지는 성장과 투자의 '낙수효과(trickle down effect)'로 발생할 것으로 믿었다. 그러나 거시경제적 결과는 기대와는 달리 호전되지 않았고 양극화 역시 완화되지 않았다. 과거 정부에 비해 이명박과 한나라당이 내세웠던 장점은 '경제살리기'에 있었지만 기대는 전혀 충족되지 않았다. 실업률과 성장은 이전과 달라진 게 없다(〈그림 2〉).[5]

그러나 총선결과는 의외의 결과를 보여주었다. 대패가 예견되었던 새누리당은 과반의석을 확보하였다. 한편 민주통합당은 선거 직전의 '김용민 막말' 변수로 인해 수도권에서만 우위를 얻는 데 그치고 말았다. MB 실정이나 경제적 양극화 심화 등 '우수한' 환경에도 불구하고 민주통합당이 과반을 얻지 못한 것은 수권정당으로서의 대안을 제시하는 적극적 전략이 아니라 집

〈그림 2〉 거시경제와 총선(2000~2012)

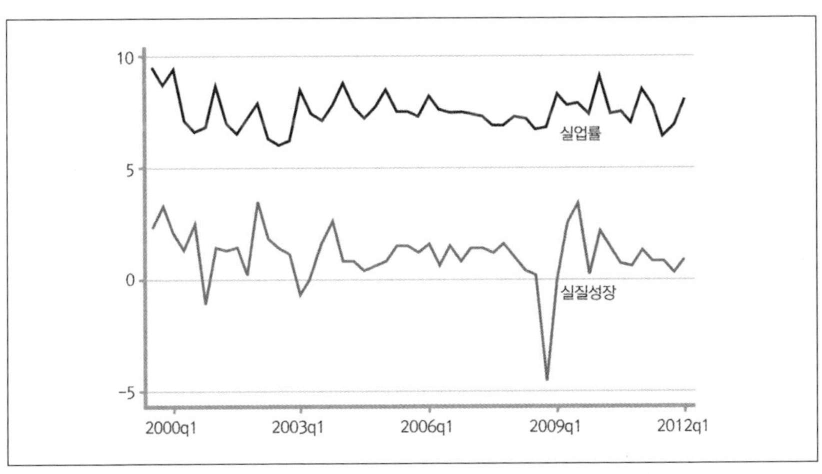

---

5) 한국의 왜소한 복지국가 규모에 대해서는 강명세(2006), 양재진(2012) 참조.

<그림 3> 정부규모(1970~2007)

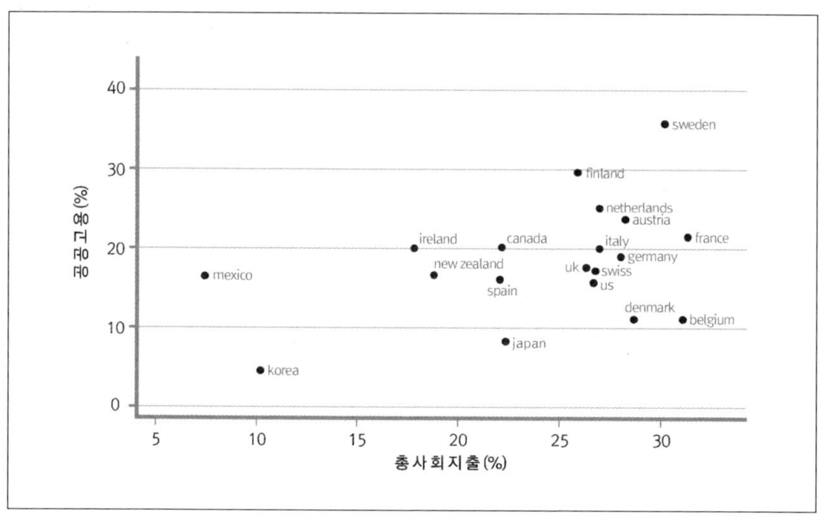

출처: OECD Historical Statististics, OECD Social Expenditure Data 2005

권정부와 여당의 실정을 부각시켜 반사이익을 거두는 소극적 전략에 치중한 때문이었다(강명세 2012). 이제 다시 12월 5년의 재평가 기회가 다가오고 있다. 지난 5년 동안 정부는 작금의 빈곤층과 중산층이 갈구하는 복지를 제대로 공급하지 않았다. 적어도 복지에 관한 한, 막대한 수요에 비해 공급은 너무도 미미했다. 공공지출과 공공고용 모든 면에서 한국이 가장 최저의 상태에 머물러 있다(<그림 3>). 민주주의에서 이런 상황은 지속되기 힘들다. 무상급식과 반값등록금 등을 둘러싼 교육논쟁은 이 같은 구조적 결핍 속에서 복지수요에 불을 붙인 화약이었다.

III. 복지국가의 수요폭발

누가 복지를 필요로 하는가? 복지를 필요로 하는 집단은 저소득집단이다. 소득별 요구는 여러가지 지표를 통해 알 수 있다. 저소득집단은 국가의 역할을 더 강화해야 한다고 보는 반면 고소득층은 개인의 책임을 강조한다. 저소득층은 국가역할을 강화해야 한다는 입장이 23.8%로서 고소득층의 18.2%에 비해 5% 높다(〈표 1〉). 그런 점에서 중위소득 이하의 집단이 증가할수록 복지국가의 수요층이 넓어진다. 사회의 공평성 문제에서도 저소득층은 고소득층과 다른 시각을 갖는다. 저소득층의 52.5%는 사회가 불공정하게 작동한다고 믿는 반면 고소득층은 41%가 불공평하다고 응답한다(〈그림 4〉).

그러나 저소득 집단의 요구가 정치적으로 실현되는 것은 아니다. 중위투

〈표 1〉 소득과 국가의 역할

	개임 책임	보통	국가역할
저소득	40.31	35.86	23.83
중간	41.81	34.72	23.47
고소득	50	31.73	18.27
전체	42	34.93	23.08

〈표 2〉 소득과 복지제도

복지제도방식	저소득	중간소득	고소득
보편주의	30.51	33.5	34.62
중간	25.84	31.3	36.54
자산조사	43.65	35.21	28.85

자료: 민주정책연구원, 2012년 3~4월 전화여론조사 결과

표자 이론이 예측하는 바처럼 중위소득과 평균소득의 차이가 벌어질수록 복지에 대한 수요는 늘어나며 이것이 정치적으로 수용될 가능성이 높다. 중위소득자는 정치적으로 판세를 결정하는 위치에 있기 때문에 정치적으로 영향력이 크다. 소득양극화는 중산층 혹은 중위투표자로 하여금 복지국가를 요구하도록 만들었다. 중간소득 집단의 23.4%는 저소득층의 23.8%와 함께 개인의 불행에 대해 국가의 역할을 강화해야 한다고 믿는다. 한편 고소득층은 18.2%가 국가의 역할강화에 동의하지만 50%는 개인의 책임으로 본다(〈표 1〉). 사회가 모두에게 공평한 기회를 주는가에 대한 질문에 대해서도 중간소득 계층의 52.8%가 저소득층의 52.5%와 마찬가지로 불공평하다고 본다. 반면 고소득층의 41.3%가 불공정하다고 본다(〈그림 4〉).

그러나 저소득층의 요구는 정치적 조건에 따라 다르다. 복지 대 성장의 담론에서 성장이 우위를 지배해온 한국적 상황에서 일반적으로 복지의존에 대한 저항감이 강하다. 복지를 사회적 시민권으로 생각하는 경향은 아주 약하다. 이러한 경향은 저소득층에도 만연해 있다. 〈표 2〉에서 보는 것처럼

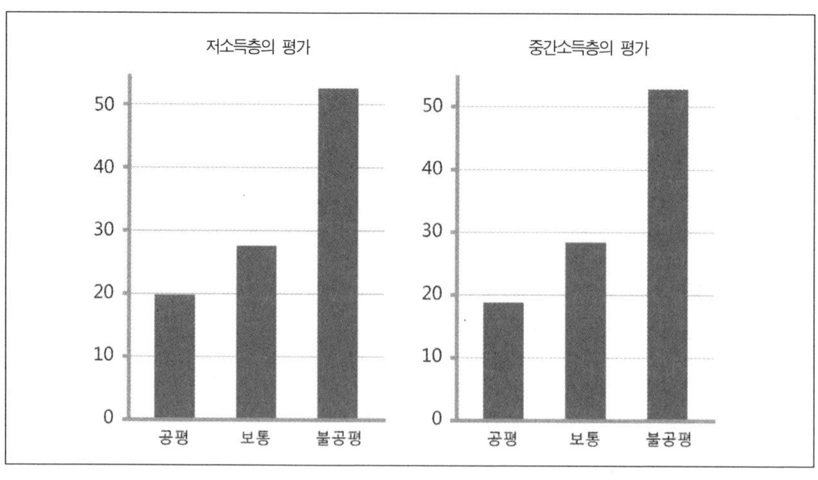

〈그림 4〉 소득층별 사회의 공평성 평가

자료: 민주정책연구원, 2012년 3~4월 전화여론조사 결과

부유층이나 그렇지 않은 집단 모두 복지제공을 보편주의가 아니라 자산조사에 기초하는 자유주의적 복지국가 방식에 찬성한다.

한국에서 복지국가의 요구가 전면 분출한 것은 2010년 6월 2일 실시된 전국동시지방선거이다. 당시 지방선거는 이례적으로 높은 투표율을 기록했을 뿐 아니라 가장 큰 쟁점은 교육과 관련한 복지정책이었다.[6] 그리고 2011년 서울시장과 의회의 대립으로 시장보궐선거로 이어진 것 역시 초등학교와 중학교 무료급식을 두고 발생했다. 결국 서울시장이 중도에 하차하고 진보진영이 새로운 서울시장에 취임했다. 이처럼 복지국가의 요구는 일반적으로 변방이라고 일컬어지는 영역에서 처음 나타나 전국적 쟁점으로 발전했다. 복지쟁점이 확산하고 복지국가의 담론으로 이어지게 된 계기에는 교육문제가 있다. 세계에서 가장 높은 '교육열'을 자랑하는 한국사회에서 교육정책은 복지국가의 핵심을 차지한다.

복지국가는 다양한 형태를 포괄하고 있다. 가장 흔히 복지국가의 노력을 측정하는 지표로서 총사회지출이 제시되지만 이는 가장 직접적일 뿐 포괄적이지 않다. 총사회지출 외에 교육은 대표적 복지에 속한다. 소득은 인적 자원의 양과 질에 따라 결정되는데 인적 자원을 만드는 것은 교육이다. 이런 점에서 사회지출은 교육지출을 포괄해야 제대로 복지지출을 파악하는 것이 가능하다.[7] 특히 기술변화에 따른 숙련노동의 수요는 소득분포에 커다란 영향을 준다. 숙련노동은 비숙련 노동에 비해 높은 보상을 받는다(Machin 2008). 소득분포가 변화하는 이유는 기술변화가 숙련노동을 필요로 하는 수요의 속도가 숙련노동을 공급하는 속도보다 빠르기 때문이다. 비숙련노동에 비해 숙련노동의 수요가 빠르게 증가할수록 숙련노동과 비숙련 노동의 임금차는 커진다. 이는 교육수준에 따른 임금차이에서 드러난다(Atkinson and Bour-guignon 2000, 10). 기술변화가 급격히 일어나는 경우 교육수준이 낮

---

6) 제5대 지방선거는 당시의 가장 큰 쟁점을 따라 무상급식 찬반선거로 지칭되었다.
7) Garfinkel, Rainwater and Smeeding(2010)은 미국이 복지후진국이라는 종래의 주장에 이의를 제기하는데 그 중요한 근기의 하나로 공중보건과 교육에 대한 시술이다.

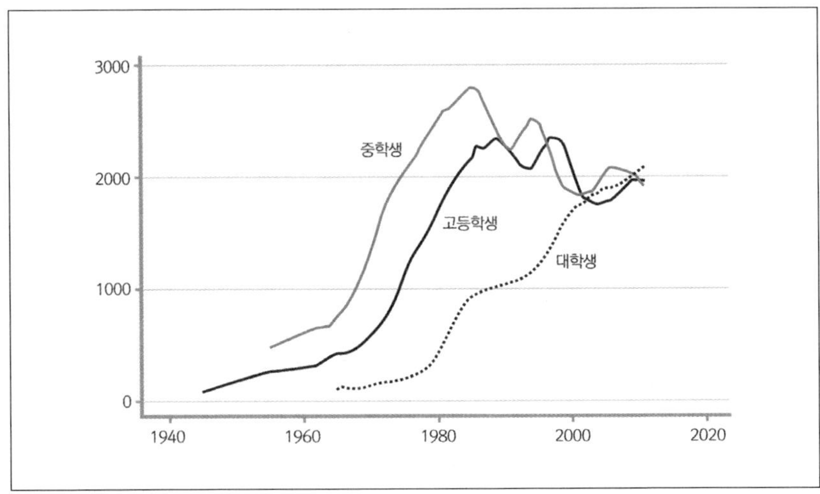

〈그림 5〉 대학진학 증가(1965~2011)

(단위: 천 명)

으면 지식사회가 요구하는 업무를 수행할 수 없으며 따라서 교육수준이 높은 노동에 비해 소득이 적다. 교육은 중대한 투자이며 가정배경은 교육투자에 막대한 영향을 준다. '무상급식'과 '반값등록금' 논쟁은 이런 맥락에 놓을 때 이해된다. 교육논쟁이 이처럼 급속히 확대된 까닭은 한국의 교육비가 자녀를 가진 대부분의 가계에 상당한 경제적 부담을 주기 때문이다.

사립대 학생 대비 공립대학교에 재학하는 학생 비율 면에서 스웨덴이 10배에 해당하는 반면, 한국의 비율은 스웨덴과는 정반대인 0.23으로 가장 낮다. 다시 말해서 공적 지원을 받는 국공립 대학의 수가 적다는 것을 의미한다. 이처럼 사회지출은 좁은 의미로는 의료, 연금, 실업보험에 대한 지출을 의미하며 교육비는 넓은 의미에서 사회지출의 일부이다(Lindert 1996, 1). 교육은 고용의 기회를 높여주는 점에서 모든 국가는 교육을 핵심적 과제로 삼는다.[8]

---

8) OECD는 교육을 핵심 정책과제로 선정했다. EU와 미국도 마찬가지로 교육을 통해 노동시장을 활성화시키는 정책을 추진한다. 이에 대해서는 Allmendinger, Ebner and Nikolai(2010).

그렇다면 한국은 교육에 얼마나 투자하는가? 교육비를 합하면 사회지출은 크게 늘어나는가? 특히 한국의 교육열은 뜨거워서 공적 및 사적 교육비가 국민총생산에서 차지하는 비중이 미국 다음으로 높으며 덴마크가 그 뒤를 잇는다. 그러나 한국의 교육비 구성을 보면 사적 교육비(2.88%)가 전체의 40%를 차지할 정도로 높다. 한국의 사교육비는 OECD에서 가장 높다.

지난 15년처럼 경제가 지속적으로 어려워지는 경우, 중산층=중위 투표자의 사회 내 위치가 바뀔 수 있다. 중위 투표자가 더 이상 중간계급이 아니라 하층 계급 지점과 근접한 지점에 위치한다. 정치 엘리트는 중위 투표자의 향방을 예의 주시한다. 이것이 복지쟁점에 대한 폭발적 관심을 말해준다(권혁용 2012). 정치인은 신속히 대응했다. 이들은 사회정책을 입법화하는 데는 느렸지만 선거에 미칠 파장에 놀라 향후 정책의 약속을 제시하는 데는 누구보다도 빨랐다(마인섭 2012). 그러나 정치인의 사전적(ex ante) 약속은 제도화로 이어지지 않거나 제도적 기반 위에 서 있지 않으면 사후적으로(ex

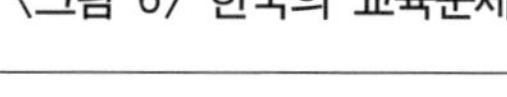

〈그림 6〉 한국의 교육문제

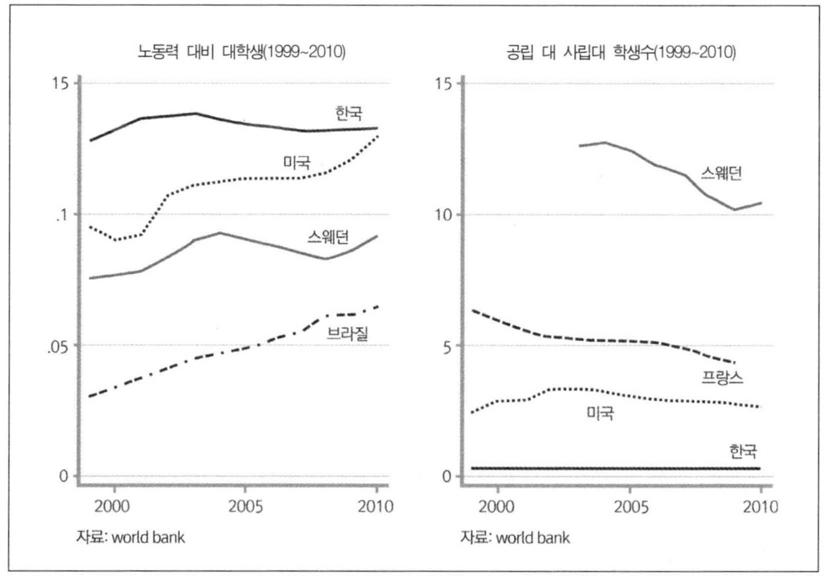

post) 보면 공약(cheap talks)을 넘어서지 않는다.

중위자 모델은 향후 한국 복지국가의 향방을 파악하는 데 유용하다. 부와 자산의 규모에 따라 세 부류의 집단이 존재한다고 가정하자. 부유층, 중산층, 그리고 빈민층이다. 정책을 산출하는 정치적 균형은 세 집단의 이해가 상호작용한 결과이다. 재분배정책은 본질적으로 조세에 관한 것이며 각 집단이 가장 선호하는 세율에 따라 정해진다. 부유층은 자신이 부담해야 하는 조세를 가능한 한 낮추려 하는 한편 서민층은 부유세를 선호한다. 조세는 재분배정책의 재원이다.

복지국가는 최종적으로는 재분배의 결과이다. 재분배는 조세를 통해 집단 간 소득을 변환하는 작업이다. 조세가 부과되는 고소득집단은 복지국가를 반대하기 마련이고 반대로 조세를 통해 사회이전의 혜택을 입는 집단은 복지국가를 요구하는 지점에 있다. 복지국가가 취약한 까닭은 복지국가의 활동으로부터 이익과 손해를 보는 집단이 행사하는 힘이 서로 다르기 때문이다. 손해를 보는 집단의 정치적 힘이 더 강하거나, 수혜집단의 정치적 힘이 아직 약해서 복지세를 실현시키지 못하기 때문이다. 정치적 힘은 정치적 참여에서 나온다.

IV. 소득과 투표

투표가 정책형성에 영향을 행사한다면 투표의 고저는 정책에 영향을 준다는 점에서 중요하다. 민주주의에서 정책결정은 참여의 정도에 의해 정해진다. 레입하트가 우려했던 것과 같이 투표율이 다르면 불평등한 민주주의로 발전하기 쉽다(Lijphart 1997). 투표는 민주주의 체제에서 정치적 평등을 실천하는 기회로서 경제적 불평등을 저지할 수 있는 장치이다. 그러나 정치 참여는 나라별로 커다란 편차를 보인다(〈그림 7〉). 재분배가 잘 이루어지는

〈그림 7〉 OECD 최근 투표율(2007~2012)

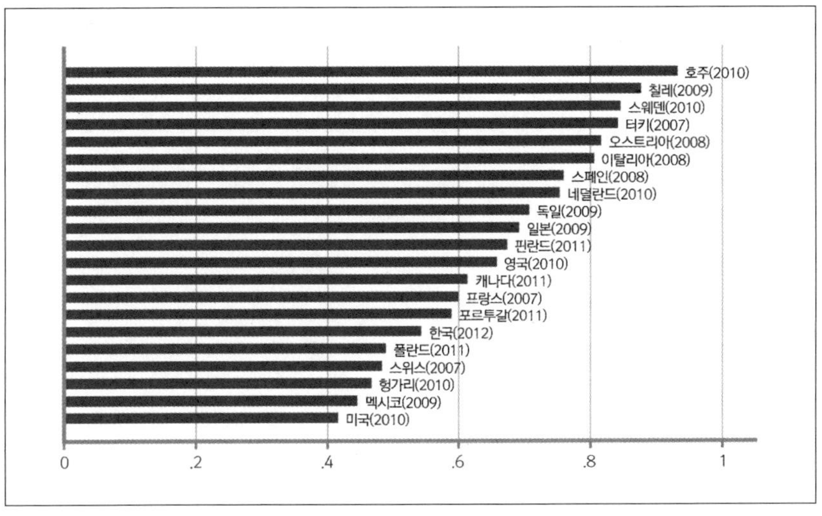

자료: IDEA

나라의 투표율이 높은 것은 우연이 아니다. 재분배의 혜택을 보는 집단이 정치참여에 적극적이고 이들의 의향이 정책형성에 반영되는 것이다.

저소득층이 여러 가지 이유로 선거에 참여하기 힘든 것은 공통적 현상이다. 세계적 공통현상이 한국에는 어떻게 나타나는지 여론조사 결과를 보자.[9] 투표를 하지 않은 집단에서 더 많은 사람이 강력한 빈부격차 해소를 찬성한 것은 기권층이 복지의 수혜층임을 암시한다. 저소득층은 투표에 참여하지는 않으면서 복지정책을 요구한다는 점을 알 수 있다. 그러나 투표를 하지 않는 사람은 대표되지 않는다는 점에서 정치엘리트가 이들의 요구를 수용할 가능성이 낮다. 〈표 3〉은 두 가지 여론조사의 소득별 투표율 조사이다. 여기서 보듯 기권율은 저소득 계층의 유권자 집단에서 높게 나타난다. 기권사유를 보면 55%가 집안일이나 다른 일로 바빠서 참여하지 못했다고

---

9) 한국의 여론조사에서 투표율이 90%에 가까운 것으로 나타났으나 실제로는 55%에 불과하다. 따라서 기권에 관한 여론조사는 이를 감안해서 보아야 힌다.

〈표 3〉 소득별 기권율(2012년 19대 총선)

(단위: %)

동아시아연구원 여론조사	기권	민주정책연구원 여론조사	기권
100만 원 이하	8.46	100만 원 이하	12.5
100~199만 원	13.91	100~199만 원	20.17
200~399만 원	12.34	201~300만 원	10.24
400~499만 원	10.74	301~400만 원	9.76
500~699만 원	9.13	401~500만 원	10.08
700만 원 이상	8.62	501만 원 이상	8.63
전체	11.22	전체	11.53

자료: 2012년 3~4월 실시된 면접 및 전화 여론조사, 각각 동아시아연구원, 민주정책연구원

응답했다.

한국의 투표자는 과연 복지를 얼마나 중요하다고 보는가? 이는 다양한 차원에서 파악 가능하다. 우선 일반적으로 재분배의 요구는 모든 계층에 공통적이다. 정부가 부유층으로부터 세금을 거두어 빈곤층을 지원하는 것에 대한 생각을 물은 경우, 과반수 이상(50.6%)이 대체로 잘 되고 있지 않다고 응답했다. 26.9%는 전혀 실현되지 않고 있다는 비관적 응답을 했다. 이처럼 다수는 재분배를 희망하지만 현실적으로 그렇지 못함을 지적한다.

소득불평등은 이미 정치적 불평등을 잉태하고 있다. 정치적 불평등은 사회적 집단이 각각의 이익을 최대화하기 위해 갈등하는 과정에서 생겨난다는 점에서 내생적(endogenous)이다. 저소득국가에서는 역으로 로빈훗(Robin Hood)이 세력화하기 힘들다.[10] 이런 지역에서 소득재분배를 요구하는 세

---

10) 로빈훗 역설에 대해서는 강명세(2012) 참조.

력이 일회성으로 출몰할 수는 있지만 장기적으로 제도화하지 못한다. 저개발국에서 소득불평등이 더 심각한 까닭은 정치적 힘의 불균등한 분배에 있다. 저소득층은 투쟁하기에는 최소한의 소득이 아쉽기 때문에 '투쟁력'이 떨어진다. 반대로 부유층은 단기간의 소비감소를 감내할 수 있다는 점에서 자신의 목표를 지키는 데 더 열의가 있다. 개발도상국에서 저소득 집단은 정치적 힘이 없기 때문에 누진적 조세를 관철시키지 못하고 역진적 조세는 소득불평등을 더 악화시키는 결과를 낳는다.

그러나 복지에 대한 선호는 정치적 선호와 밀접한 관련을 갖는다. 새누리당을 지지하는 층의 경우 성장과 복지에 대해 극명한 대조적 의견을 피력한다.[11] 46%가 성장을 선호하며 오직 24%만이 재분배를 중시했다. 새누리당을 싫어한다고 응답한 사람을 대상으로 하면 반대의 현상이 드러난다. 이들 중 17%만이 성장에 호의적인 반면 55%는 분배정책을 선호한다고 응답했다. 한편 민주통합당 지지층은 새누리당 지지층과 정반대의 현상을 보인다. 민주통합당 지지층 가운데 21%만이 성장에 긍정적인 반면 50%는 복지정책을 선호했다.

정당선호는 소득분포에 따라 달라지며 소득별로 다른 정당을 지지하기 쉽다. 민주통합당을 선호하는 응답자를 1~5구간의 소득별로 보면 2구간에 속하는 층이 40.5%이며 가장 소득이 낮은 1구간에 속하는 집단이 민주당 지지층의 13.5%를 차지한다. 1~2구간의 집단을 합하면 54%이다. 반대로 가장 소득이 높은 4~5구간의 집단에서 민주당을 좋아한다고 응답한 비중은 12%에 불과하다. 민주당 지지층의 84%가 중간층과 하층으로 구성되었다는 점에서 복지정책에 무게중심을 두어야 하는 형편이다. 한편 정당지지의 소득편중은 민주통합당에 비해서는 강하지 않다. 새누리당을 지지한다고 응답한 층을 소득별로 보면 가장 소득이 높은 4~5구간은 15%, 가장 소득이 낮은 1~2구간의 집단이 40%를 점한다. 이처럼 새누리당은 민주통합당에 비해 상

---

11) 성장과 복지의 양분론적 논의에 대해서는 안재홍(2011) 참조. 이하의 조사자료는 2012년 3~4월 실시된 민주정책연구원 조사자료에 기초하고 있음.

대적으로 소득별 지지에서는 고른 분포를 보인다. 이는 새누리당이 복지정
책으로부터 자유롭지 않음을 시사한다. 소득 면에서 하층과 중간층이 약
80%를 차지하는 정당으로서 사회문제를 소홀히 하기 어렵다.

　이 문제를 파악하기 위해 복지, 정의, 경제성장, 경제민주화, 소통, 국가안
보, 민족화합 등 7개 문항을 제시한 후 "향후 대한민국이 추구해야 할 가장
중요한 가치가 무엇이 되어야 한다고 보느냐"는 질문에 가장 많은 사람
(29.9%)이 복지라고 응답했다. 제19대 총선에 참여했던 유권자는 29%가
복지를 꼽았다. 다음으로는 22.3%가 성장을 그리고 14%가 정의라고 응답
했다. 복지의 중요성은 한국이 향후 나아가야 할 방향에서도 마찬가지로 확
인된다. 1~10구간은 값이 클수록 경제성장과 수출증대로부터 분배개선과
복지증진의 방향을 의미한다.[12] 이 질문에서 29%의 응답자가 중위적 위치
를 선호했고 그 보다 약간 적은 수의 집단인 25.7%는 7~8의 선호를 보여주
었다.

　소득 및 재산의 다과에 따라 9개 층위를 설정한 뒤 투표와의 관계를 보면
다음과 같다. 9개 층위는 1~9까지의 구간으로 값이 클수록 소득 및 재산이
많다는 것을 뜻한다. 투표를 한 집단의 경우 가장 많은 대답은 5의 구간에
있는 집단이었다. 다시 말해 투표에 참여한 집단을 대상으로 할 때, 가장
많은 사람(22.9%)이 소득과 재산의 측면에서 중위에 있다. 한편 투표를 하
지 않은 집단을 대상으로 하면 4구간, 즉 중위 소득에 못미치는 집단
(22.7%)이 가장 많이 기권했다. 투표 여부와 관련할 때 중위소득에 미달하
는 집단이 투표를 하지 않을 가능성이 많다.

---

12) 이는 다섯 개 집단으로 재분류했다.

V. 결론: 복지국가를 위한 정치

교육선거 이후 복지가 최대 정치쟁점화되자 새누리당 및 민주통합당은 앞다투어 복지를 확충하겠다는 정책공약을 제시했다. 심지어 '줄푸세'를 전면에 세웠던 정치인조차도 종래의 주장과 전혀 다른 복지국가 구상을 제시했다. 자신을 지지하지 않는 유권자의 지지를 얻기 위한 것이다. 그러나 정치인의 약속은 복지예산을 어떻게 마련할 것인지에 대해서는 말이 없다. 정치인은 다음 선거에서 승리하기 위해 지키지 못할 약속을 할 수 있다. 그러나 일단 집권하면 약속을 지킬 하등의 이유도 없고 구속도 없다. 반대로 약속을 지키는 것은 자신의 핵심지지기반이 이반하는 것을 뜻한다.

따라서 지금 정치제도에서 보수적 정치인이 복지를 공약하는 것은 신뢰성이 없다. 복지재정을 위한 증세가 제시되어야 하지만 증세는 자신의 핵심 지지계층의 이해와 정면으로 맞서는 것이다. 정책공약은 어떤 정치제도에서 하는냐에 따라 신뢰성이 달라진다.

선거는 집권층과 정치엘리트가 책임정치를 하도록 만드는 기제이다. 물론 선거를 통해 자신의 이념과 정책을 추구하는 것도 가능하다. 그러나, 이념적 토양이 극히 메마른 한국적 조건에서 과연 이념적 정치와 정향이 얼마나 일반 투표자의 선택에 영향을 주었을까? 경제위기 이후 김대중 후보가 승리한 것은 진보와 정책에 대한 요구를 반영하기보다 김영삼 정부의 무능을 징벌한 것이다. 마찬가지로 노무현 대통령의 당선 역시 김대중 정부에 대한 신임이다. 그러나 노무현 정부에 대한 평가는 2008년 정동영 후보의 참패로 끝났다. 이념적 투표였다면 후보가 부족하더라도 지지는 지속되었을 것이며 따라서 그와 같은 참패는 불가능하다.

선거는 참여하는 다수의 바람이 결정되는 장치이다. 선거는 집권정부를 선택하는 과정이기도 하지만 집권정부가 정책을 실천한다는 점에서 보면 정책을 선택하는 것이기도 하다. 복지는 현재 한국사회의 다수가 원하는 정책이다. 그렇다면 한국사회의 다수가 원하는 정책이 실현되지 않는 까닭은 무엇인가? 두 가지 이유가 있다. 첫째, 다수가 자신의 요구를 투표를 통해 표현하지 않기 때문이다. 제19대 국회의원선거에서도 유권자의 55%만이 투표했다. 45%의 요구는 표출되지 않고 잠재해 있다.

복지는 본질적으로 재분배이며 복지정책을 도입하는 과정에서 소득집단의 첨예한 대립이 발생한다. 가장 기본적인 것은 저소득층의 정치참여를 늘리는 방안이 마련되어야 한다. 한국은 〈그림 7〉에서 본 것처럼, 정치참여가 낮은 집단에 속한다. 왜 한국 유권자는 주기적으로 돌아오는 소중한 기회를 저버리는 것인가? 기권을 많이 하는 저소득층 집단으로 하여금 참여토록 하는 데 필요한 동기는 무엇인가?

둘째는 선거제도의 변화가 가져올 복지효과를 진지하게 고려할 필요가 있다. 기권이 정부정책에 영향을 미칠 수 없다는 인식에서 비롯된 것이라면 선거제도의 개혁을 고민할 필요가 있다. 현행 소선거구제와 다수제가 저소득 집단의 불참을 방조하는 것이라면 이들이 원하는 사회정책을 허용하는 선거제도는 어떤 것인가? 소수 세력의 정치적 대표를 허용하는 비례대표제도로 바꾸면 투표율이 늘어날 것인가?[13] 늘어난다면 다당제의 정당체제가 발생할 것이고 연정을 통해서 정부가 생겨날 가능성이 높다. 이때 복지를 추진하는 소수 정당이 자신의 정책을 관철시킬 가능성은 높아지는가? 지금처럼 예산권을 갖지 못한 국회가 다당제의 국회가 대통령과 반대의 정책을 추진할 때 대통령의 반대를 견제할 수 있는 길은 있는 것인가? 비례대표제에서 정당이 행하는 정강정책과 공약은 정당의 정책방향과 이념에서 크게 벗어나기 어렵다. 한편 현행 선거제도에서 자신의 이념과 정책과는 다른 공약을 제시하는 것은 신뢰할 수 없다. 목적을 달성하기 전(ex ante)의 행태와 이후의 행태(ex post)는 같을 수 없기 때문이다.

---

13) 비례대표제가 복지국가에 호의적 선거제도라는 주장은 강명세(2006; 2011); Boix(2003; 2010); Iversen and Soskice(2009); Kang(2012); Lijphart (1997); Perssson and Tabellini(2003) 등 참조.

【참고문헌】

강명세. 2011. "이념과 제도적 시각에서 본 민주주의와 재분배." 인문사회연구회·한국정치학회·동아일보 공동학술회의 발표문(2011.7.21.)
______. 2010. "불평등한 민주주의와 평등한 민주주의."『기억과 전망』2010년 겨울호(통권 23호). 172-198.
______. 2006.『세계화와 탈산업화 시대의 노동과 복지의 정치.』파주: 한울.
강원택. 2011.『통일 이후의 한국민주주의』. 파주: 나남.
권혁용. 2011. "정당, 선거와 복지국가: 이론과 선진민주주의 국가의 경험."『의정연구』34. 5-28.
마인섭. 2011. "한국정당의 복지정책과 선거."『의정연구』34. 29-62.
안재홍. 2011. "한국복지자본주의의 쟁점과 과제." 한국정치학회 관훈클럽 공동학술대회 발표문(2011.2.22.)

Achen, Christopher H., and Larry M. Bartel. 2004. "Bllind Retrospection Electoral Responses to Drought, Flu, and Shark Attacks." Unpublished paper.

Acemoglu, Daron, G. Egorov, and Konstantin Sonin. 2010. "A Political Theory of Populism." Unpublished paper.

Acemoglu, Daron, and James A Robinson. 2006. *Economic Origins of Dictatorship and Democracy*. Cambridge: Cambridge University Press.

Alber, Jens, and Ulich Kohler. 2010. "The Inequality of Electoral Participation in Europe and America and the Politically Integrative Functions of the Welfare State." In Jens Alber and Neil Gilbert, eds. *United In Diversity? Comparing Social Models in Europe and America*. Oxford: Oxford University Press, 62-90.

Alesina, Alberto, and D. Rodrik. 1994. "Redistributive Politics and Economic Growth." *Quarterly Journal of Economics*, 109(2), 465-90.

Alesina, Alberto, and E.L. Glaeser. 2005. *Fighting Poverty in the US and Europe: A World of Difference*. Oxford: Oxford University Press.

Allmendinger, Jutta, C. Ebner., and R. Nikolai. 2010. "Education in Europe and the Lisbon Benchmarks." In *United In Diversity? Comparing Social Models in Europe and America*. Oxford: Oxford University Press,

308-327.

Atkinson, Anthony B., F. Bourguignon. 2000. "Income Distribution and Economics." In Anthony B. Atkinson and F. Bourguignon, eds. *Handbook of Income Distribution*(Elseview), 1-58.

Bartels, Larry M. 2011. "Ideology and Retrospection in Electoral Responses to the Great Recession." Unpublished paper.

______. 2008. Unequal *Democracy: The Political Economy of the New Gilded Age*. Princeton: Princeton University Press.

Boix, Charles. 2010. "Electoral Markets, Party Strategies, and PR." *American Political Science Review*, 104:2, 404-413.

______. 2003. *Democracy and Redistribution*. Cambridge: Cambridge University Press.

______. 1999. "Setting the Rules of the Game: The Choice of Electoral System in Advanced Countries." *American Political Science Review*, 93:3, 609-624.

Carnes, H. Matthew, and Isabela Mares. 2009. "The Welfare State in Global Perspective." In Charels Boix and Susan C. Stokes, eds. *The Oxford Handbook of comparative Politics*. Oxford: Oxford University Press, 868-885.

Castles, G., ed. 1993. *Families of Nations: Patterns of Public Policy in Western Democracies*. Boston: Dartmouth Publishing Company.

Crepaz, Markus M. L. 2008. "Inclusion vs Exclusion: Political Institutions and the Welfare State." *Comparative Politics*, 31, 61-80.

______. 2006. "Consensus vs. Majoritarian Democracy: Political Institutions and their Impact on Macroeconomic Performance and Industrial Disputes." *Comparative Political Studies*, 29, 4-26.

Cusack, T. R., T. Iversen, and D. Soskice. 2010. "Coevolution of Capitalism and Political Representation: The Choice of Electoral Systems." *American Political Science Review*, 104:2, 393-413.

______. 2007. "Economic Interests and the Origins of Electoral Systems." *American Political Science Review*, 101:3, 373-91.

Cusack, T. R., T. Iversen, and P. Rehm. 2010. "Risks at Work: The Demand and Supply Sides of Government Redistribution." *Oxford Review of*

Economic Policy, 22:30, 365-89.

Downs, Anthony. 1957. *An Economic Theory of Democracy*. New York: Harper & Bros.

Fiorina, Morris P. 1981. *Retrospective Voting in American National Election*. New Haven: Yale University Press.

Garfinkel, Irwin, Lee Rainwater, and T. Smeeding. 2010. *Wealth & Welfare States: Is America a Laggard or Leader?* Oxford: Oxford University Press.

Gangl, Markus. 2010. "Inequality and Mobility." In Jens Alber and Neil Gilbert, eds. *United In Diversity? Comparing Social Models in Europe and America*. Oxford: Oxford University Press, 261-279.

Garrett, Geoffrey, and D. Mitchell. 2001. "Globalization, government spending and taxation in the OECD." *European Journal of Political Research*, 39:2, 145-177.

Gilens, Martin. 2009. "Inequality and Democratic Responsiveness: Who Gets What They Want from Government?" Unpublished paper.

Grieif, Avner. 1998. "Self-Enforcing Political Systems and Economic Growth: Late Medieval Italy." In Robert H. Bates et al. *Analytical Narratives*. Princeton: Princeton University Press, 23-63.

Huber, Everlyne, and John D. Stephens 2005. "Welfare State and the Economy." In Neil J. Smelser and Richard Swedberg, eds. *The Handbook of Economic Sociology*. Princeton: Princeton University Press, 552-574.

Iversen, Torben, and D. Soskice. 2009. "Distribution and Redistribution: The Shadow of the Nineteenth Century." *World Politics*, 61:3, 438-86.

______. 2006. "Electoral Institutions and the Politics of Coalitions: Why Some democracies Redistribute More than Others." *American Political Science Review*, 100:2, 165-81.

Kang, Miongsei. 2012. "Unequal Democracy, Inegalitarian Education, and the Politics of Welfare State in Korea." Presentation, International Conference, Korean Political Science Association and Korean Welfare State Work Group, Seoul, May 29.

Kenworthy, Lane, and J. Pontusson. 2005. "Rising Inequality and the Politics of Redistribution in Affluent Societies." *Perspectives on Politics*, 3:3, 449-472.

Krugman, Paul. 2007. *The Conscience of A Liberal*. New York: Norton.

Kruzer, Marcus. 2010. "Historical Knowledge and Quantitative Analysis: The Case of the Origins of Proportional Representation." *American Political Science Review*, 104:2, 369-392.

Larcinese, Vallentino. 2007. "Voting Over Redistribution and the Size of the Welfare State: The Role of Turnout." *Political Studies*, 55, 568-585.

Lijphart, Arend. 1999. *Patterns of Democracy: Government Forms and Performance in Thirty-Six Countries*. New Haven: Yale University Press.

______. 1996. "Unequal Participation: Democracy's Unresolved Dilemma." Presidential Address, American Political Science Association, 1996, *American Political Science Review*, 91:1, 1-14.

Lindert, Peter. 1996. "What Limits Social Spending?" *Explorations in Economic History*, 33, 1-34.

______. 1994. "The Rise of Social Spending, 1880-1930." *Explorations in Economic History*, 31, 1-35.

Lizzeri, A., and N. Persico. 2001. "The provision of public goods under alternative electoral incentives." *American Economic Review*, 91, 225-245.

Machin, Stephe. 2009. "Education and Inequality." In Wiener Salverda, Brian Nolan, and Timothy M. Smeedding, eds. *The Oxford Handbook of Inequality*. Oxford: Oxford University Press, chapter 17, 406-431.

Mantzavinos, C., Douglas North, and Shed Shariq. 2004. "Learning, Institutions, and Economic Performance." *Perspectives on Politics*, 2:1, 75-84.

McCarty, Nolan, Poole, Keith T. and Howard Rosenthal. 2006. *Polarized America: The Dance of Ideology and Unequal Riches*. Cambridge: MIT Press.

Milesi-Ferretti, G., Perotti, R. and M. Rostagno. 2002. "Electoral Systems and Public Spending." *Quarterly Journal of Economics*, 117, 609-58.

Mules, Rosa. 2001. *Political Parties, Games and Redistribution*. Cambridge: Cambridge University Press.

Murillo, Maria Victora, Oliveros, Virgina, and Vaishnav, Milan. 2010. "Electoral Revlution in Democratic Alternation." *Latin American Research Review*, Vol. 45, No. 3, 87-114.

North, Douglas C.. 1990. *Institutions, Institutional Change, and Economic Performance*. Cambridge: Cambridge University Press.

Persson, T. and G.Tabellini. 2003. *The Economic Effects of Constitution*. Cambridge: MIT Press.

______. 2008. "Electoral Systems and Economic Policy." in Barry R. Weingast and Donald A. Whitman, eds., *The Oxford Handbook of Political Economy*. Oxford: Oxford University Press, 723-738.

Roemer, John E. 2009. "Prospects for Achieving Equality in Market Economies." In Wiener Salverda, Brian Nolan, and Timothy M. Smeedding, eds., *The Oxford Handbook of Inequality*. Oxford: Oxford University Press, chapter 27, 693-707.

Titmus, Richard M. 1974. *Social Policy*. Open University Set Book.

Wallerstein, Michael. 2008. "Wage Setting Institutions and Pay Inequality in Advanced Industrial Societies." In David Austen-Smith, et. Al., eds., *Selected Works of Michael Wallerstein: The Politial Economy of Inequality, Unions, and Social Democracy* Cambrige: Cambridge University Press, 250-284.

Weingast, Barry R. 2002. "Rational-Choice Institutionalism." in Ira Katzenelson and Helen V. Milner, eds., *Political Science: State of the Discipline*. New York: Norton, 660-92.

______. 1997. "The Political Foundations of Democracy and the Rule of Law." *American Political Science Review*, 91:2, 245-63.

Yang, Jaejin. 2012. "Parochial Welfare Politics and the Small Welfare State in Korea." Presentation, International Conference, Korean Political Science Association and Korean Welfare State Work Group, Seoul, May 29.

사회경제 양극화 해소를 위한 시대적 과제

이연호 | 연세대학교

I. 서론

우리나라가 사회경제적 양극화현상이 심화되는 문제에 직면해 있다. 양극화 또는 불평등의 문제는 경제성장이라는 국가적 과제의 중요성에 가려 그동안 활발하게 논의되지 못했다. 정부도 불평등의 심화가 정권의 재정적 그리고 정치적 부담으로 작용할 수 있어 공식적으로 논의하는 것에 부담을 가져왔다. 특히 고속 경제성장을 추진해온 권위주의정권의 경우 사회경제적 불평등의 양상을 고의로 감추려는 행태마저 보여주었다.

경제성장과정에서 정부와 긴밀한 공조체제를 유지해 오던 재벌 역시 이 문제가 공론화되는 것을 막으려 했다. 자본주의가 성장하는 과정에서 발생하는 일시적 현상쯤으로 폄하하려 했다. 경제성장이 더 충분히 이루어지면 시장에서의 낙수효과(trickle down effect)에 의해 자연스럽게 해소될 문제라는 입장이었다.

　우리나라에서 발생하는 사회경제적 양극화의 주범은 국가주도적 불균형 성장 전략을 추진해온 정부와 그 혜택을 가장 많이 받은 대기업들이다. 우리나라의 발전국가는 일종의 국가독점자본주의적 모델이다. 즉 국가가 직접 대규모의 자본을 소유하고 관리하거나 독점적 자본세력과 연합을 형성하는 변형된 자본주의 모델이다(Bremmer 2010). 자본주의의 헤게모니가 시장에 있는 것이 아니라 국가에 있다. 국가의 주도로 자본과 연합을 형성하여 중상주의적 성장을 추진한다.

　우리가 직면한 문제의 얼개는 이러하다. 국가와 자본 간의 긴밀한 협조로 급속한 산업화가 가능했으나 그 혜택은 국가와 자본 그리고 여기에 참여한 정치인, 자본가 그리고 관료 등에 의해 독점되었다. 반면 희생을 제공한 국민들은 성장의 과실과 혜택을 제대로 향유하지 못했다. 소위 낙수효과가 나타나지 않았다. 국민들은 이 문제를 해결하라고 국가에 촉구해 보지만 과도하게 성장한 대자본의 반발로 인해 괄목할 성과를 내지 못한다. 정부는 국가라는 공동체의 번영을 위해 발생한 불가피한 현상이라는 점을 강조하면서 희생을 강요당한 국민들의 불만을 억누르기에 급급하다. 자본주의체제하에서 자본의 반발은 정권의 경제성적에 영향을 줄 수 있다. 경제성장은 역대 정부의 성공여부를 판단하는 가장 중요한 지표였다. 게다가 신자유주의적 개혁으로 인해 정부가 자본을 규제할 수단도 이미 많이 제거되었다. 중상주의 전략하에서 불균형적으로 구조화한 문제가 해결되기도 전에 경제자유화가 진행되어 문제는 교정되지 않은 채 악화되었다.

　우리가 당면한 사회경제적 양극화 또는 불균형현상은 반드시 해결방안이 마련되어야 할 문제이다. 그러지 못할 경우 정치경제적 위기가 불가피하다. 우선 정치적으로 국가통합이 붕괴될 수 있다. 이해를 달리하여 극단적으로 갈등하는 다수의 집단이 존재하는 사회에서는 정부가 정책을 수립하고 집행하기 어려워진다. 정부가 국민을 설득할 수도 없다. 국가통합에 실패한 국가는 성장을 지속할 수 없다(Weiner 1965).

　경제적으로는 자본주의가 붕괴될 수 있다. 신고전파 경제학적 관점에서 보았을 때 경쟁은 자원을 효율적으로 분배할 수 있는 최상의 장치이다. 독과점 구조(즉 시장의 불균형성장)의 형성은 필연 자유시장의 핵심요소인 경쟁을 약화시킬 것이고 시장의 실패는 불가피할 것이다. 반대편에 서 있는 맑스적 관점에서 보아도 전망은 똑같이 부정적이다. 경쟁의 실종은 독점화로, 생산수단의 독점화는 결국 자본에 의한 국가의 종속으로 귀결될 것이다.

우리나라가 일인당 소득 4만 달러를 넘어 선진국의 대열에 진입하려면 이 문제가 반드시 해결되어야 한다. 경제적 평등을 성취하는 것과 더불어 일반 국민들 사이에 팽배한 상대적 박탈감이 우선 먼저 해소되어야 한다.

1945년 2차대전이 종결된 후 영국을 비롯한 유럽의 국가들은 복지국가를 수립했다. 여기에는 정치경제적 이유가 있었다. 자본가를 비롯한 지배계층이 자국에서 공산주의 혁명이 일어날 가능성을 염려했고 자본주의가 사회주의로 대체될 수 있음을 인식했기 때문이다. 자유주의의 전성기가 지나자 1905년 러시아에서는 볼세비키 혁명이 발생했고 마치 맑스가 예견한 것처럼 1929년에는 대공황이 발생했다. 복지국가는 자유민주주의와 시장자본주의를 보존하고자 하는 자본가 계급의 불가피한 타협의 산물이었다(김영순 1996, 80-85).

오늘날 우리의 양극화 위기는 자본주의 발전과정에서 거의 반드시 발생하는 현상이다. 이 글의 목적은 사회경제적 양극화의 양상을 진단하고 그 발생원인을 분석하는 데 있다. 물론 구체적인 대안까지는 제시하지 못하고 있다. 왜냐하면 문제의 원인에 대한 진단에 따라 해결방안이 달리 나타날 수 있기 때문이다. 양극화의 근본원인에 대한 합의를 바탕으로 대안이 모색되어야 할 것이다. 이 글은 사회경제적 양극화의 해결을 위한 시대적 과제를 제시하는 데 결론의 초점을 맞추고자 한다.

II. 경제적 불평등에 관한 제입장

정치경제이론에 있어서 사회경제적 불평등현상에 관한 입장은 크게 두 가지로 대별될 수 있다. 하나는 불평등이 불가피하거나 심지어 필요하다고 보는 긍정적인 입장이다. 다른 하나는 불평등은 자본주의의 발전을 저해하고 개인의 자유를 침해하며 나아가 계층 간의 갈등을 유발한다는 부정적인 입장이다.

일반적으로 정치경제론에서는 중상주의론, 신고전파경제이론, 케인즈주의론 그리고 맑시스트이론 등 네 가지의 접근법을 상정하고 있다. 이 중 앞의 두 이론은 불평등을 불가피하거나 필요한 것으로, 뒤의 두 이론은 반드시 해소되어야 할 과제로 간주하고 있다. 제 이론의 입장을 간략하게 정리하면 다음과 같다.

1. 중상주의적 입장

중상주의이론은 근본적으로 경제적 불평등에 대해 관심을 가지고 있지 않다. 심지어 당연한 것으로 받아들인다. 중상주의란 국가가 법과 제도를 이용하여 시장의 독점을 조성하고 위험회피적 시장행위자들로 하여금 경쟁보다는 지대(rent)를 추구하도록 조장함으로써 국가의 부를 축적하는 발전전략이다(Ekelund and Tollison 1997, ch.1). 중상주의는 개인보다는 국가라는 공동체를 더 중요한 대상으로 상정한다. 개인의 부가 축적되기보다는 국가내에 재화의 양이 증가하는 것을 더 우선시한다.

중상주의적 전략의 목표는 민족주의적 또는 국가적 차원의 산업적 발전을 통해 국제적 경쟁에서 생존하고, 이와 함께 다른 국가들을 압도할 수 있는 위치에 도달하는 것이다. 따라서 이러한 국가적 목표를 달성하기 위해서는 계층적으로 열위에 있는 일부 국민들 예컨대, 노동자들이 국가의 발전을 위해 희생을 당하더라도 그것은 국가공동체의 발전을 위해 의미있는 손실이라고 간주한다. 나아가 계층간의 차별은 당연히 존재하는 것이며 이러한 차별은 심지어 발전의 원동력이라고 본다. 국가의 발전을 위해 필수불가결한 산업적 그리고 농업적 이익을 보호하기 위해 개인의 이익이 희생될 수도 있다는 입장이다(List 1966, 119-132).

중상주의적 접근법이 상정하는 공동체적 사고의 틀 안에서 볼 때 국가의 부가 증대될 수만 있다면 계층간의 분배가 불평등하게 이루어지더라도 큰 문제는 되지 않는다. 서구의 절대주의 시대를 기점으로 번성하기 시작한 중상주의 정책이 가장 많이 사용한 방법은 정치권력을 장악한 정치적 지배집단—즉 국왕과 귀족—과 상인집단이 정치경제적으로 결탁하여 해외에 존재하는 부를 국내로 이전해 오는 것이었다. 이는 일종의 제로섬 게임으로 타국으로 국부가 이전되지 못하도록 부를 선점하는 것이었다(이연호 2009a, 63). 이를 위해서 국내시장은 보호하고 외국으로의 수출을 증대시키는 정책도 병행되었다.

이와 같은 모든 중상주의적 행위들의 목표는 국가의 부를 증대시키는 것이었다. 그리고 그 주체는 국가의 정치적 힘을 대표하는 지배집단과 경제적 힘을 대표하는 상공인 집단이었다. 이들은 일단 국부가 획득되고 나면 자연스럽게 국내에서 분산되어 장기적으로 모든 사람들에게 혜택을 줄 것이라고 강변했다. 따라서 가급적 다량의 부를 해외에서 국내로 이전해 오는 것이 시급했으며, 국내에서 이를 분배하는 것은 추후의 과제에 불과했다.

중상주의적 발전전략은 후일 19세기 유럽에서 유행했던 후기산업화이론, 20세기 초반에 등장한 파시즘과 나치즘 그리고 1960년대부터 동아시아에서 확산된 발전국가론 그리고 21세기 들어 신자유주의에 대항하여 중국을 중심으로 다시 부상하기 시작한 국가자본주의론의 지적 기반이 되었다. 이 이론들은 정도의 차이는 있으나 공통적으로 국가의 부를 배타적으로 증대시키는 데 관심을 갖고 있으며 이를 개인의 복지를 위해 배분하는 것은 미래의 과제로 미루는 경향을 보인다.

2. 신고전파 정치경제학적 입장

신고전파 경제학적 이론은 분배에 관해 부정적인 견해를 가지고 있다. 경제적 성장과 분배 및 형평의 관계를 상충적인 것으로 보고 있다. 즉 한쪽이 강조되면 다른 한쪽은 경시되는 것이 불가피하다는 입장이다. 이 시각에서 보는 경제성장 역시 중상주의와 마찬가지로 축적된 재화의 양이 증가하는 것이다. 잉여자본의 양이 축적되어 재투자되어야 부가 확대될 수 있다는 입장을 가지고 있다. 따라서 부가 충분하게 축적되기 전에 분배가 이루어지게 되면 효과적인 투자가 이루어질 수 없다. 신자유주의적 경제학은 공급중심의 경제학을 지향한다. 따라서 충분한 투자가 이루어질 수 없다는 것은 충분한 공급이 이루어질 수 없음을 의미하고 따라서 경제적 성장은 구현될 수 없다.

따라서 이 이론의 시각에서는 분배는 축적된 부에서 파생되는 자연스러운 낙수효과에 의존하는 수밖에 없다. 즉 자본이 충분하게 축적이 되면 저축이 늘어날 것이고 따라서 이자율은 낮아질 것이다. 그렇게 되면 낮은 이자율의 풍부한 자본으로 인해 투자는 증가하고 공급은 확대될 것이다. 아울러 투자의 증가는 고용의 증가로 이어질 것이다. 이로 인해 분배는 자연스럽게 진행된다는 것이다. 이는 보이지 않는 손의 긍정적인 역할이다. 시장 행위자들은 다만 자신들의 이익을 극대화하기 위해 열심히 저축하거나 투자하면 된다.

그럼에도 불구하고 정부가 나서서 의도적으로 분배를 진행할 경우 부정적인 효과가 발생할 것으로 보고 있다. 분배가 촉진되면 충분한 자본이 축적되지 않는 것은 물론 혁신을 유발할 위험도 높은 투자가 이루어지지 않을 것이라고 상정한다. 게다가 분배가 지나치게 강조되면 개인은 부를 축적할 동기를 상실하게 되고 저축을 하려 하지 않을 것이다. 게다가 재분배를 시도하기 위한 제도가 확충되다 보면 결국 행정적 비용으로 세금이 낭비되고 그만큼 효과는 감소할 것이라고 강조한다(Samuelson and Nordhaus 2001, 394).

신고전파 경제이론은 '시장의 확대' 또는 '자본의 선축적 후분배'를 제시한다는 점에서 중상주의 이론과 공통점이 있다. 그러나 양자는 많은 면에서 대립적인 차이도 보이는데 그중 대표적인 것이 시장의 독점에 관한 것이다. 앞서 언급한 바와 같이 중상주의는 시장독점에서 파생되는 지대를 시장행위자들이 누릴 수 있도록 하는 전략을 사용한다. 반면에 신고전파 경제이론은 시장독점이 시장의 실패를 유발한다고 보고 정부의 개입에 의한 해소를 주장한다.

기본적으로 신고전파는 자유주의적 전통을 가지고 있어 최소국가론을 상정하지만 시장의 실패가 발생할 경우 국가는 시장에 개입하여 이를 해소하고 즉시 더 이상의 개입은 자제해야 한다는 입장이다. 이처럼 국가가 시장에 간섭하여 문제를 해결해야 하는 시장의 실패상황을 유발하는 원인 중의 하나가 독과점이다. 독과점에 의해 경쟁이 저하되는 것을 막기 위해 정부가 개입해야 한다(Caporaso and Levine 1993).

요컨대 신고전파 경제학은 정부의 간섭에 의한 의도적인 분배에 관해서는 부정적인 입장을 보이지만 시장의 독점에 관해서는 정부의 개입을 처방할 만큼 적극적인 해소를 제안한다. 이 점은 신자유주의 패러다임의 핵심을 차지하고 있는 통화주의와 차별되는 점이다. 통화주의는 시장의 독점에 대한 정부의 개입마저도 비판적인 입장이다. 만일 혁신에 의한 독점이라면 시장의 상황을 충분하게 판단하지 못하는 국가가 섣불리 개입할 일은 아니라는 입장이다(자유주의경제학 연구회 1994, 94).

따라서 자유주의나 신자유주의적 경제학이 공유하는 입장은 분배에 관한 것이다. 즉 분배를 촉진하기 위해 국가가 개입하는 것은 바람직한 일은 아니라는 점이다. 반면에 시장의 독점에 관해서는 다소 이견을 보인다. 그러나 독점이 문제가 되는 것은 경쟁이 저하될 것을 염려하기 때문일 뿐이다. 독점이 불균형을 유발하거나 분배에 해약을 끼치기 때문에 이를 비판하는 것은 아니다.

3. 케인즈주의적 입장

케인즈주의 이론은 불평등문제에 관해서 중상주의나 신고전파 정치경제 이론에 비해 매우 비판적인 입장을 가지고 있다. 케인즈는 신고전파경제학이 견지했던 완전고용이론(full employment theory)이 현실화되기 어렵다고 주장했다. 완전고용이론이란 노동시장에서 노동이 수요와 공급이 일치하는 수준에서 임금이 결정되므로 비자발적인 실업은 없다는 이론이다. 즉, 노동자 본인이 스스로 원해서 실업상태에 있으면 모를까 강요받은 실업은 존재하지 않는다는 것이다.

케인즈는 이에 대해 완전고용이론이 달성되려면 가계는 충분히 소비를 해야 하고 기업은 투자를 충분히 해야 한다는 전제가 필요하다고 강조한다. 그리하여 총소비량(tC)과 총생산량(tP)이 같아야 한다는 것이다. 이 말은 곧 국민들이 번 돈이 모두 소비에 이용되거나 또는 저축된 돈이 모두 투자로 이어져야 한다는 것을 의미한다. 그래야 공급은 스스로의 수요를 창출한다는 세이의 법칙(Say's Law)도 성립된다.

그러나 케인즈는 이러한 낙관적 조건이 자연상태에서 만족되리라 기대하는 것은 불가능하다고 역설한다. 만일 국민들이 충분히 소비를 하지 않으면 총생산은 총소비를 상회하게 될 것이고 결국 재고증가와 해고증가로 이어질 것이다. 이러한 이유로 케인즈는 소비는 미덕이라고 주장한다. 그가 주장하는 승수의 법칙(multiflier)에 의하면 작은 소비가 전체적으로 큰 소비를 유발한다(Keynes 1936, 116-119). 또한 소비가 늘어날수록 연쇄반응 속도는 증가한다고 강조한다.

이러한 이유로 케인즈는 한두 명의 부자가 다량의 소비를 하는 것보다는 다수의 일반인이 소비에 참여하는 것이 경제활성화에 더 큰 영향을 미칠 수 있다고 주장한다. 따라서 많은 사람들이 임금을 받아 소비에 참여해야 한다는 것이다. 그렇게 되려면 국가의 시장 간섭이 필요하다. 시장의 힘에 의해 스스로 완전고용에 이르긴 어렵기 때문이다. 국가가 세금을 걷거나 재정지출을 확대함으로써 일자리가 창출될 수 있도록 해야 하며, 이를 통해 노동자들은 일자리를 얻게 되고 이들은 다수의 소비를 주도할 것이다.

따라서 케인즈는 불평등이 개선되어야 한다고 주장한다(Keynes 1936, 372-374). 불평등이 조장되어 일반인들이 소비에 참여할 수 없는 상황이 발생한다면 경기 침체는 불가피하다고 보고 있다. 신고전파 경제학이 상정하는 바와 같이 자본이 축적되어(저축의 증가) 자연스럽게 투자로 이루어지기를 바랄 수는 없다는 것이다. 기업은 이자율뿐만 아니라 정치상황, 사회상황, 과학기술 등의 영향을 고려하여 투자를 결정한다. 따라서 케인즈는 공급중심의 경제보다는 수요중심의 경제를 제시한다. 즉 민간이 공급을 스스로 확대하길 기다리기보다는 국가가 나서서 수요를 창출하는 것이 보다 효과적이라는 것이다. 국가는 재정지출을 통해 많은 이들이 소비여력을 가질 수 있도록 해야 하며, 따라서 불평등은 개선되어야 한다는 것이 케인즈주의 이론의 주장이다.

4. 맑시스트적 입장

끝으로 맑시스트 이론은 불평등의 문제에 관해 가장 극단적인 비판을 제기하고 있다. 불평등은 자본주의의 최종적 종착역이며 계층 간 갈등을 유발하는 주된 요인이다. 맑스는 자유시장이 옹호하는 경쟁이라는 개념이 자본주의 체제에서 문제를 유발하는 가장 주된 요인 중의 하나라고 주장한다.

생산자들은 시장의 경쟁에서 승리하기 위해 고정자산에 대한 투자(예컨대, 공장의 자동화)를 늘리는 만큼 임금과 같은 가변자산에 대한 투자는 줄이고자 한다. 그러면서도 잉여가치의 획득은 포기하지 않는다. 노동자는 경쟁이 심화되면 될수록 낮은 임금을 받게 되고 결국 실제 노동한 것보다 적게 임금을 받는 착취의 상황에 놓이게 된다(Marx 1990, 518).

고정자본에 대한 투자의 증가는 이윤의 감소를 유발할 수밖에 없으며 결국 자본주의 체제는 이윤율의 감소와 착취의 심화를 경험할 수밖에 없다. 특히 노동자의 대량해고와 저임금에 의한 빈곤은 구매력의 감소로 이어지게 되고 이는 생산의 감소를 유발하며 종국에는 계층 간의 갈등으로 이어진다. 노동자의 빈곤(pauperism)은 인간의 파편화 그리고 소외를 유발한다(Marx 1990, 802-808). 따라서 잉여가치가 자본가의 욕심을 만족시키기보다 노동자의 복지를 위해 사용되기 위해서는 결국 사회주의로의 전환이 필요하다. 즉, 우선 국가로 하여금 생산수단을 소유토록 하여 자본가의 횡포를 방지해야 한다고 주장한다.

이처럼 맑스가 본 빈곤과 불평등은 자본주의의 필연적 붕괴를 유발하는 요인이다. 경쟁의 종말은 경제력 집중(economic concentration)으로 귀착된다. 즉 생산수단을 비롯한 경제적 구조를 소수의 자본가가 통제하게 되고 이를 바탕으로 정치와 같은 상부구조도 장악하게 된다. 빈곤과 불평등은 경쟁과 더불어 자본주의가 붕괴하게 되는 문제의 근원이다. 맑스의 이론은 불평등이 방치될 경우 계층간의 갈등이 심화되어 자본주의는 붕괴하고 사회주의로 전환될 수밖에 없을 것임을 시사하고 있다.

III. 한국에서 사회경제적 불평등의 양상

우리나라에서 현재 문제시되고 있는 사회경제적 불평등의 양상은 소득불평등, 자산불평등, 경제력 집중, 임금격차, 청년실업, 여성빈곤, 장애인 고용 불평등 등이다. 이 중 앞의 네 가지 항목에 대한 구체적 내용을 소개하면 다음과 같다.

1. 소득불평등

우선 가장 대표적인 현상은 소득불평등의 문제이다. 〈그림 1〉은 한국은행의 자료를 기초로 작성된 1982년부터 2011년까지의 지니계수(GINI

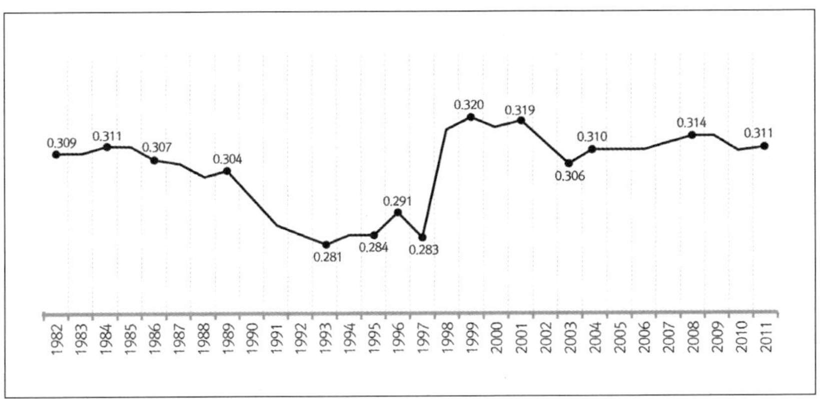

〈그림 1〉 한국에서의 소득 지니계수의 변화추이(1982~2011)

출처: 한국은행; 이연호(2009b)

Coefficient) 변화추이이다. 통계청이 소득불평등 정도를 보여주는 지니계수를 공식적으로 집계하고 발표하기 시작한 것은 민주화 이후인 1990년부터이다. 1982년 이전에는 공식적으로 자료가 모집되지도 공표되지도 않았다. 한국은행도 1982년부터 통계를 작성했으나 공표하지는 않았다(이연호 2009b).

1960년대와 1970년대의 소득불평등 현황은 학자들에 의해 간접적으로 작성되고 발표되었을 뿐이다. 노동사회학자인 구해근은 이 기간의 소득불평등 상황을 분석하면서 경제성장이 시작된 1960년대에는 소득불평등이 완화되는 경향을 보였지만 1970년대에는 그렇지 못했다고 주장했다. 구해근은 이에 대해 산업화에 의한 고용창출이 한계에 도달했기 때문이라고 설명한다. 아울러 노동력이 소득불평등 정도가 상대적으로 적은 농업부문에서 큰 산업부문으로 이동했기 때문이라고 설명한다(Koo 1984, 1030-1031). 그는 한국의 발전국가는 성장과 형평을 동시에 달성한 사례로 지적되었지만 사실은 그렇지 않다고 주장한다. 쿠츠네츠 역U자곡선 가설이 제시하듯이 한국 역시 경제성장이 가속화하면서 다른 나라와 마찬가지로 소득불평등도 악화되었다는 것이다.

이러한 경향은 1980년대 들어서도 크게 다르지 않다. 발전국가모델의 후반기에 해당하는 전두환 정부하에서도 불평등은 개선되지 않았다. 경제안정화를 위해 임금억제정책이 시행됨에 따라 소득 간 격차는 더 심해진 것으로 판단된다. 인플레이션을 억제하기 위한 긴축정책의 피해를 고스란히 중산계층 시민과 노동계층이 감내한 것으로 볼 수 있디. 그러나 이 기간 동안 재벌 및 대기업은 매우 높은 성장을 달성했다. 특히 산업합리화의 혜택은 주로 상위 대기업에게 돌아갔다.

소득불평등이 다소 완화되기 시작한 것은 민주화와 더불어 출범한 노태우 정부 들어서이다. 노태우 정부는 정치경제적 민주화를 표방했다. 사회복지 예산 지출을 확대하고 200만 호 주택건설 등의 정책을 펼쳐 고용의 증대를 모색했다. 그 결과 소득불평등의 정도는 전두환 정부에 비해 현격하게 개선되었다. 이러한 경향은 김영삼 정부하에서도 크게 다르지 않다. 다만 OECD에 가입하면서 경제자유화가 급격하게 진전된 1996년 이후부터 다시 지표가 악화되는 경향을 보인다.

김대중 정부에 들어서면 IMF의 요구에 따라 시장주의적 개혁을 본격 추진한 영향인지 지니계수가 급격하게 악화된다. 사회안전망구축을 위해 사회보장 예산의 지출을 증대시켰지만 상황을 전환시키지는 못했다. 2003년 노무현 정부가 다시 형평과 분배와 같은 민주주의적 가치를 강조하면서 다시 지니계수는 약간 완화되는 경향을 보였다. 노무현 정부가 사회복지 관련예산을 확대하는 등의 조치를 취했기 때문인 것으로 보인다.

이명박 정부 들어서도 상황은 약간 개선되는 데 그친다. 정부가 출범한 2008년 미국발 금융위기가 발생하자 정부는 규제완화 등 친기업적 정책을 추진했다. 수출증대를 통해 경기회복을 도모했다. 따라서 복지를 향상시키기 위한 자원의 할당은 상대적으로 빈약했다고 볼 수 있다.

2. 자산불평등

우리나라의 경우 자산불평등은 소득불평등보다 더 심각한 것으로 조사되고 있다. OECD국가들과 비교해 보면 상대적으로 양호한 편이긴 하다. 2012년 현재 상위 10%가 순자산의 46.1%를 점유하는 것으로 나타나고 있다. 이에 비해 이탈리아는 40%를 미국은 70%를 소유하고 있다. 이를 지니계수로 환산해 보면 2011년 현재 우리는 0.619로 스웨덴 0.89, 미국 0.84, 이탈리아 0.61보다 다소 양호한 경향을 보인다. 자산불평등의 추이를 보면 1993년 0.571, 1997년 0.655, 2001년 0.629, 2006년 0.660으로 악화되는 경향을 보였다. 그러다가 2010년 0.628, 2011년 0.619로 약간 개선되는 모습을 보인다(유경원 2012, 405).

그러나 자산불평등 현황에 관한 최종판단은 다소 유보될 필요가 있다. 우리나라 회사의 소유지배구조가 아직 투명하지 않고 상장되지 않은 회사에 대한 주식평가가 완전치 않기 때문이다. 그만큼 고소득층의 자산규모에 대한 조사가 충분치 못하다는 것이다. 이러한 문제가 해결되지 않은 채 상위 10%의 자산규모를 추정하는 것은 많은 보완이 필요하다.

또 하나의 우려를 간접적으로 보여주는 것이 가계부채의 증가 현황이다. 우리나라의 경우 금융위기 발생 이후 금융자산에서 전월세 보증금과 임대보증금을 제외한 순수 금융부채/자산비율은 2006년 63%에서 2011년 70.5%로 크게 증가하고 있다(유경원 2012, 405). 정부가 경기활성화 차원에서 저금리 정책을 유지함에 따라 소득이 감소한 일부 가계가 부채를 통해 생활비를 조달하고 있다는 해석이 제기되고 있다.

3. 임금격차

대기업과 중소기업에 근무하는 근로자 간 임금격차 역시 확대되는 추세이다. 500인 이상 사업체의 시간당 총급여 수준을 100으로 볼 때 2003년과

2010년의 규모별 급여비율은 5~9인은 56.8%→52.5%, 10~29인은 64.7%→59.2%, 30~99인은 68.9%→64.5%, 100~299인은 76.7%→72.7%로 대·중소기업 간 임금격차가 악화되고 있다(이춘우 2012, 423).

아울러 복리 후생비용과 교육훈련비용 즉 간접노동비용의 격차도 크다. 간접노동비용은 2010년 300인 미만 중소기업의 경우 61만 2천 원으로 300인 이상 대기업의 116만 8천 원의 52.4% 정도이다. 이러한 경향은 2~3차 중소기업으로 갈수록 더 심하게 나타나고 있다.

반면 대기업 근로자의 임금프리미엄은 확대되고 있다. 동일한 학력이라 하더라도 대기업근로자가 누리는 임금프리미엄은 1980~87년의 5%에서 1997년 이후 14.4%로 증가했다(이춘우 2012, 425).

이처럼 대기업과 중소기업 간의 임금격차가 발생하는 이유에 관해 대기업과 중소기업 간의 불공정거래 관행이 가장 중요한 원인으로 지적되고 있다. 즉 대기업이 중소기업에 대해 공급단가의 인하를 지속적으로 요구하기 때문이다. 그 외에도 중소기업의 낮은 생산성, 중소기업 간 경쟁의 심화, 노동조합의 유무여부, 마지막으로 대기업의 글로벌조달 증가가 원인으로 지적되고 있다. 특히 대기업이 글로벌 아웃소싱을 급속하게 확대함으로써 대기업의 수출증대가 중소기업의 매출증대로 이어지지 않고 있다는 점에 주목할 필요가 있다.

4. 대기업 경제력 집중

재벌 즉 대기업의 상대적 확장은 역대정권하에서 지속되었고 특히 이명박 정부하에서 심화되는 양상을 보이고 있다. 공정거래위원회에 따르면 2008년 이후 3년간 20대 대규모 기업집단의 계열사수는 36%, 그리고 자산총액은 54.2% 증가했다. 2008년 4월 678개였던 20대 대기업의 계열사는 2011년 1월 현재 922개로 증가했고, 자산총액도 683조 6천억 원에서 1,054조 4천억 원으로 증가했다. 상위 10대그룹의 계열사수는 40.8%, 자산총액은 55.3% 증가했다. 상위 5대 그룹의 계열사수는 51%, 자산총액은 59.1% 증가하는 등 상위 대기업으로 갈수록 확대경향은 두드러졌다. 삼성의 경우 계열사가 59개에서 78개로 19개 증가(32.2%)했으며 자산도 59.9%나 증가했다. 삼성이 차지하는 5대그룹의 자산비중은 37.1%나 된다(포커스신문 2011/04/11).

소유지배구조 역시 집중이 심화되고 있다. 2011년 4월 현재 총수가 있는 10대 그룹의 내부지분율(총수, 친족, 임원, 계열사지분의 합)은 53.5%로 20년 만에 최고를 기록하고 있다. 외환위기 이후 재무구조를 개선하느라 출자를 늘인 것이 한 원인이기는 하다. 특기할 것은 재벌총수의 지분은 증가하지 않는 데 비해 계열사의 지분이 증가하고 있다는 점이다. 총수의 지분율은 1992년 4.2%에서 2011년 1%대로 낮아져 있다. 반면 계열사 지분율은 1992년 35.5%에서 2000년 41.2%, 2006년 46.0% 그리고 2011년 50.3%로 증가했다. 아울러 이명박 정부 들어 금산분리규제가 완화됨에 따라 금융보험관련 계열사에 대한 출자도 증가했다. 35개 기업진단이 보유한 금융보험 사수는 2010~2011년 기간 동안 20개가 증가했다(중앙일보 2011/07/29).

총수일가 지분이 많은 기업일수록 내부거래 비중이 57%에 달한다는 점도 주목할 일이다. 이들 기업들은 계열사에 일감을 집중적으로 몰아줌으로써 성장을 도모하고 있다. 비계열사는 거래에서 배제됨에 따라 기업 간 불균형 성장을 야기하는 하나의 원인이 되고 있다.

아울러 대기업의 양적 성장방식이 자산투자가 아닌 이명박 정부의 친기업적 저금리정책에 기인한다는 점도 문제가 되고 있다. 2008~2011년 기간 동안 상위 10대 기업의 자산은 19.04% 증가(43조 8,041억 원에서 52조 1,461억 원으로)한 데 비해 부채는 48.4% 증가(423조 390억 원에서 618조 4,140억 원으로 증가)했다(조선일보 2011/04/25). 즉 대기업의 현금성 자산이 증가했음에도 불구하고 빚에 의존한 투자를 지속하고 있다는 것이다.

Ⅳ. 사회경제적 불평등구조의 형성과정

우리나라에서 이러한 사회경제적 불평등 현상이 발생하게 된 이유는 무엇일까? 그리고 그동안 이 문제를 좀 더 일찍 해결할 수 없었던 이유는 무엇일까? 이들 질문에 대한 해답은 1960년대 산업화가 본격적으로 시작한 이래 역대 정부가 취했던 경제산업정책을 살펴봄으로써 찾을 수 있다. 대한민국의 역대정부는 그 성격이 권위주의적이든 민주주의적이든 경제성장 중심의 정책을 추진했다. 반면에 소득재분배정책에는 그다지 노력을 기울이지 않았다.

박정희 그리고 전두환 정부를 포함하는 권위주의정부는 중상주의적 발전 국가전략을 취했다. 발전국가는 정부의 지원에 의한 압축적 산업화를 추구했다. 소위 부국강병의 국가적 아젠다가 설정되면서 하위계층의 복지를 위한 소득재분배정책은 전면 실시가 유보되었다. 국민의료보험 등 복지정책이 일부 추진되었으나 내용상으로 볼 때 형식적이고 선언적 성격이 강했다.

즉, 정권의 친위세력을 정치적으로 배려하거나, 중산 및 노동계층의 불만을 잠재우고 노동력을 보다 효과적으로 산업발전 현장에 투입하기 위한 전략이었다. 마치 후기 산업화를 시도했던 독일의 비스마르크가 사회보장정책을 유럽에서 가장 먼저 추진했던 것과 같은 맥락이었다. 자본을 효율적으로 축적하기 위해서 전략산업부문에 집중적으로 자원을 투입한 반면, 국민의 복지개선을 위한 재원은 최대한 절약했다. 국가는 기본적으로 산업지원을 통한 고용증진에만 집중했고 복지는 가정이나 노동자를 고용하고 있는 회사가 주로 담당했다.

노태우 정부 이후 등장한 민주적 정부하에서도 자본을 강조하고 경제성장에 집중하는 정책은 근본적으로 포기되지 않았다. 민주적 정부들은 이전의 권위주의적 정부보다 열등한 경제성과를 산출하지 않기 위해서 그리고 선거를 통한 정권의 재창출을 위해서 그러했다. 선거기간 중이나 집권 초기에는 소득재분배 그리고 복지제도의 강화가 제안되고 추진되었다. 그러나 정권 말기로 접어듦에 따라 정권들은 친시장적 또는 심지어 친대기업적 정책을 채택하면서 사회경제적 불평등을 개선하는 데 전력을 투구하지 않았다. 민주화로 인해 복지정책이 강화되었다는 점은 인정할 수 있다. 그러나 사회분야에서 적극적인 요구가 없는 한 민주적 정부라 하더라도 자발적으로 강화시키지는 않았다. 여전히 복지정책은 정권정당화를 위한 수단적 성격이 강했다. 아래에서 역대 정권별로 사회경제적 불평등구조가 형성되는 원인과 과정을 살펴보도록 하자.

박정희 정부는 1963년 민정이양에 발맞추어 불균형성장정책을 도입함으로써 산업화를 본격 추진했다. 1961년 쿠데타 이후 수립된 군사정부가 당초 기획했던 것은 균형성장이론에 기반한 포괄적 산업화(Comprehensive Industriali-zation Strategy) 전략이었다. 넉시(R. Nurksy)가 제창한 것으로 알려진 균형성장이론의 주장은 저개발국가의 문제는 무엇보다도 충분한 자본수요와 투자유인이 없다는 것이었다. 국민들의 저소득은 낮은 투자유인과 자본에 대한 낮은 수요를 유발한다. 따라서 자본수요의 부족을 타파하기 위해서는 무엇보다도 국내시장이 확대되어야 한다. 이처럼 시장을 확대시키기 위해서는 경제 전 분야에 걸친 균형적인 자본 투자가 필요하다. 동시적인 투자가 이루어져야만 산업분야 상호간에 수요를 유발할 수 있기 때문이다. 국내시장규모가 확대되면 자본에 대한 수요 역시 증가할 것이고 투자유인 역시 증가할 것이다(Gillis, Perkins, Roemer and Snodgrass 1987, 65-66).

이 이론은 1950년대 이승만 정부가 추진했던 수입대체산업화의 지적 기반을 형성했다. 아울러 박정희 군사정권이 수립되면서 추진한 내포적산업화이론의 근간이 되었다. 내포적산업화이론은 민족주의적 성격을 내포하고 있었다. 식민지형 산업구조를 탈피하려면 생산재 산업을 육성해야 한다는 것이었다. 미국의 원조로 인해 한국의 산업구조가 미국에 종속되고 있다는 비판에 동조하고 있었다. 이 이론은 당시 미국의 경제정책에 큰 영향을 미치고 있던 신고전파경제학적 분업화 그리고 자유교역이론과는 상치되었다.

그러나 박정희 군사정부가 추진했던 균형성장이론은 실패로 마무리되고 말았다. 내자동원에 실패했기 때문이다. 당초 군사정부는 재벌들이 이승만 정부하에서 축적한 자본을 지하금융시장에 묻어두었을 것으로 예상했다. 따라서 이 자금을 발굴하여 제도권으로 이끌어내고 산업에 투자하면 내포적 산업화를 추진할 수 있다고 판단했다. 그러나 예상과는 달리 제도권 내부는 물론 외부에도 기대했던 자본은 존재하지 않았다. 균형성장이론과 내포적 공업화를 현실화할 중요한 단서 즉 투자자본이 당초부터 부족했던 것이다.

이러한 상황에 직면한 박정희 정부는 민정이양시점에 맞추어 허시만(A.O. Hirshman)이 주장한 불균형성장이론으로 전환을 모색한다. 허시만은 넉시와는 달리 개도국문제의 핵심은 산업에 투자할 능력도 의지도 없다는 점이라고 주장했다. 따라서 문제를 해결하는 방법은 제한된 자원의 투자효과를 극대화하는 것이라고 강조했다. 예컨대, 사회간접자본과 같이 전후방 산업 파급효과가 큰 분야에 우선 투자를 함으로써 민간부문과 의도적으로 불균형을 유발하는 것이다(Gillis, Perkins, Roemer and Snodgrass 1987, 66-67). 이렇게 되면 우위부문이 열위부문의 성장을 이끌게 되고 양자 간의 불균형은 균형상태를 이루기 위해 움직일 것이라고 주장했다. 불균형성장이론은 박정희 정부가 균형성장이론의 대안으로 선택할 수 있는 이론이었다.

균형성장이론과 내포적 공업화론은 국가의 시장간섭을 정당화하는 이론이었다. 시장의 확대를 위해 국가가 자본투자를 주도할 것을 권고하는 이론이었다. 또한 산업기반의 건설을 위해 국내산업의 국수적 보호와 육성을 강조하는 수입대체산업화를 정당화하는 이론이었다.

이 이론은 당시 한국의 정치와 경제에 지대한 영향을 미치고 있던 미국의 정책당국자들을 불안하게 만드는 요소를 다수 내포하고 있었다. 우선 당시 미국의 경제학적 사조는 대공황기에 도입되었던 케인즈주의에서 벗어나 국가의 시장간섭을 배제하는 신고전주의로 전환하고 있었다. 시장의 자율성을 강조하는 시장중심주의는 당시 소련과 체제경쟁을 벌이고 있던 미국의 경제적 정체성으로 자리잡고 있었다. 국가가 시장의 기능을 대체하거나 직접 운영하는 사회주의적 계획경제체제가 소련을 비롯한 공산주의 국가들에서 신속하게 전후복구를 달성하고 있었다.

그리고 서구지역에서는 케인즈주의에 입각한 간섭적 복지국가체제가 운영되고 있었다. 복지국가는 사회주의 경제체제에 비해선 자유주의적이었지만 기간산업의 국영화를 정당화하는 등 시장간섭적 요소를 강하게 내포하고 있었다.

당시 자유주의진영을 이끌고 있던 미국의 입장에서 볼 때 국가가 시장의 자율성을 제약하는 모델이 세를 더해가는 상황은 냉전적 체제경쟁에서 불리한 요인으로 작용할 가능성이 높았다. 미국의 진영에 속한 신흥개발국들이 시장주의적 요소에 충실한 방식을 통해 경제적 성장(민주주의는 추후에)을 조속하게 달성하는 모습을 보여줄 필요가 있었다(정진아 2008, 96-97). 이러한 상황에서 균형성장이론과 내포적산업화이론을 추진하는 것은 미국의 이념적 지지를 받을 수 없었다. 국가의 간섭적 요소가 강하고 심지어 2차대전 이전의 일본식 통제경제의 색깔마저 강했다.

아울러 이 이론들의 수입대체적 성격은 당시 미국-일본-한국으로 이어지는 국제적 생산분업화를 계획하고 있던 미국의 정부당국자들 특히 국방성의 당국자들이 받아들이기 어려운 대안이었다(박태균 1998, 98-100). 균형성장이론은 케인즈주의적 수요 확대정책과 일치하는 맥락이 강했다. 특히 공급보다는 수요를 강조하는 입장이 그러했다. 그러나 국가의 간섭에 의해 수요를 진작하는 방식은 인플레이션을 유발하고 이는 경제적 불안정으로 이어질 개연성이 높았다. 또한 수입대체산업화는 자본의 투자가 소비재보다는 생산재의 생산에 집중됨으로써 일반 소비자들의 소비불만을 유발할 가능성이 높았다. 이러한 가능성은 당시 일본과 미국을 보호하는 군사기지로서의 남한의 기능을 상정하고 있던 미국의 우려를 자극했다. 미국이 원하는 것은 남한의 사회경제적 안정이었다. 무리한 산업화전략으로 인해 남한이 불안정화되는 것을 원치 않았다.

민정이양과 더불어 산업화정책을 본격적으로 추진하기 시작한 박정희 정부는 경제안정화 정책을 수용하는 한편 산업화 전략도 불균형성장정책으로 전환했다. 앞에서도 언급한 바와 같이 불균형성장정책은 상대적으로 제한된 자본으로 산업화를 시동할 수 있는 장점이 있었다. 불균형성장정책은 후일 발전국가로 불리는 발전모델의 근간이 되었다.

독일 출신의 경제사상가인 프리드리히 리스트(Friedrich List)의 주장에 기초한 후기산업화이론의 전통과 일본식 국가지배적 시장이론을 승계하는 발전국가론은 온전한 시장주의적 모델이라고 볼 수는 없다. 또 다른 형태의 국가간섭주의 모델이다. 리스트는 발전도상에 있는 국가들이 산업화를 달성하기 전까지는 보호주의적 정책을 통해 정부가 전략산업을 육성해야 한다고 주장했다(national economy). 산업화가 달성되고 산업선진국과 경쟁할 수 있는 수준에 도달했을 때 비로소 애덤 스미스(Adam Smith)가 제시하는 자유교역에 참여하고 시장경쟁에 진입할 수 있다고 주장했다(cosmopolitical economy)(List 1966, 119-132).

발전국가론은 케인즈주의에 입각한 복지국가론에 비해 시장간섭의 폭이 좁고 집중적이며 효율적이라는 특징이 있다. 발전국가론은 국가가 시장에 간섭하되 선택적(selective)이고 전략적(strategic)인 성격을 갖고 있다(이연호 2009a, 5장). 반면에 케인즈주의가 상정하는 시장간섭은 거시적이고 광범위한 것이다. 정부가 재정을 지출함으로써 수요를 자극하는, 즉 수요와 공급 메커니즘을 국가의 간섭을 통해 왜곡시키는 것이다. 따라서 특정 산업 분야를 조준하는 특성이 상대적으로 약하다.

반면에 리스트의 주장에 동조하는 발전국가론은 전후방 파급효과가 크고 국가의 산업화를 위해 우선순위가 높은 분야에 정부가 자원을 집중적으로 투입하는 방식을 제안한다. 이 점에서 불균형성장정책론과 연결이 된다고 볼 수 있다. 국가의 판단에 의해 전략산업 분야를 선택하고 이 분야에 자원 투입을 집중하는 것이다.

불균형성장전략과 발전국가적 산업화전략을 채택한 박정희 정부는 1960년대에 수출산업분야에 집중적으로 자원을 투입했다. 1963~4년 민정이양기를 전후하여 전반적인 경제운영방식을 다소 시장중심적 그리고 안정화 중심적인 것으로 전환시켰다. 그럼에도 불구하고 여전히 경제정책의 핵심은 수출산업의 육성을 통한 경제성장이라는 목표가 차지했다. 특히 수출산업의 육성을 위해 적용된 불균형성장정책은 매우 효과적으로 작동했다.

수출산업에 참여하는 기업들에게는 차별적인 혜택이 주어졌다. 정부는 정책금융제도를 활용하여 재정적 지원을 시행했다. 정부에 의한 재정지원의 대상이 되었던 산업은 정책적 육성사업이었던 정유, 화학비료, 화학섬유, 시멘트 산업과 섬유 등 노동집약적 산업이었다.

금융정책도 활용했다. 당시 제도권 은행과 사채시장 사이에 현격한 금리차가 존재했다. 박정희 정부는 투자 재원조달을 위해 금리현실화 조치를 시행하면서 수신금리보다 대출금리를 낮게 설정하는 소위 역금리장치를 마련했다. 이처럼 제도권은행의 대출금리는 상대적으로 매우 낮은 반면 사채금융시장의 금리는 매우 높아 기업은 일단 은행대출만 확보하더라도 상당한 이익을 창출할 수 있었다.

수출기업들은 또한 외자배분상의 혜택도 누렸다. 외국에서 도입되는 차관은 상대적으로 금리가 낮았으므로 외자를 배분만 받아도 큰 이익을 창출할 수 있었다. 물론 이러한 혜택은 수출기업 특히 대기업에만 배타적으로 주어졌다. 이 외에도 수출기업들은 국내시장에서 독과점적 시장지위를 보장받았고 해외수출에서 발생하는 손실을 국내시장에서 만회할 수 있는 기회를 제공받았다.

수출산업을 육성하기 위한 불균형 성장정책은 급속한 산업화에 기여했지만 수출기업과 내수기업 그리고 대기업과 중소기업 간의 격차를 벌리는 결과를 초래했다. 수출산업의 육성을 위해 정부가 선택적으로 보조금을 지급하는 것은 시장주의적 시각에서도 무리 없이 용납되는 것이었다. 따라서 미국 등에서 개발차관을 제공받아 수출산업에 투입하는 것은 문제가 되지 않았다. 발전국가전략은 궁극적으로 수출을 통한 산업화 전략을 지향한다. 궁극적으로 국가의 지원에 의한 시장의 확대를 추구한다.

그러나 불균형성장정책에 입각한 발전국가전략은 산업 간, 기업 간 나아가 계층 간 불균형을 유발하고 재벌로 경제력이 집중되는 결과를 유발했다. 현재 한국의 사회와 경제에 존재하는 양극화의 문제는 바로 1963년경부터 박정희 정부가 본격적으로 추진한 불균형성장정책이 그 뿌리가 되고 있다고 해도 과언이 아니다.

불균형성장전략은 1970년대 소위 유신정권하에서 그 깊이와 무게를 더했다. 1960년대 말부터 한반도에서 증폭되기 시작한 안보적 긴장은 1972년 미국의 닉슨 대통령이 소위 괌독트린을 발표하면서 절정에 달했다. 국내적으로도 3선개헌을 단행한 박정희 정권에 대한 국민들의 부정적 여론이 증폭되었다. 수출산업에 참여한 대기업들의 경영상태도 악화되었다. 원화절하의 속도가 가파르게 진행되면서 빌려온 외채의 양이 증가했고 기업들의 부담 역시 비례하여 증가했다. 게다가 1970년대 초반과 후반에 발생한 오일파동으로 인해 전 세계는 스태그플레이션의 상태에 빠졌고 각국은 보호무역주의로 회귀했다.

박정희 정권은 이 위기를 두 가지 방법을 동원하여 극복하고자 했다. 우선 정치적으로 유신체제라는 관료적 권위주의체제를 수립하여 정부의 대 민간부분/사회 통제력을 증대시켰다. 또한 경제적으로 중화학공업화를 1973년부터 추진했다.

중화학공업은 군수장비를 생산하기 위해 필요한 산업이었다. 아울러 만성적인 무역적자를 교정하기 위한 생산재의 수입대체를 위해 필요한 산업이었다. 경공업 위주의 수출은 수출이 증대할수록 자본재와 생산재의 수입을 증대시켰다. 그 결과 수출이 증대하면 할수록 무역적자가 증대하는 악순환이 발생했다. 이러한 문제를 교정하기 위해서는 생산재를 국산화하여 무역수지를 개선해야 했다. 중화학공업화는 바로 이 목표를 달성하기 위한 산업구조의 고도화 또는 심화전략이었다.

1960년대 박정희 정부가 집중적으로 육성하려던 대상이 수출산업이었다고 한다면 1970년대의 육성대상은 중화학산업이었다. 중화학공업화가 진행되면서 정부의 지원은 더더욱 재벌기업들에게 집중되는 경향이 나타났으며 결과적으로 재벌에 의한 경제력집중이 가속화되었다.

정부는 1973년 1월 중화학공업 육성방안을 발표하고 이를 추진할 중화학공업 추진위원회를 발족했다. 철강, 전자, 정유, 조선, 기계, 비철금속을 주요 육성산업으로 정하고 이 산업에 대한 시장진입을 규제했다. 정부는 1973년 말 1차 석유파동으로 잠시 중단하였다가 1976년 경기호전과 함께 다시 중화학공업 육성에 박차를 가했다.

이 기간 동안 재벌들은 중화학공업 등 정부의 정책적 육성사업에 적극적으로 참가하여 은행 전체 대출규모의 59%를 점하는 정책금융의 대부분을 수혜했다. 재벌기업들은 기업의 확장을 위해 중화학 공업 투자를 경쟁적으로 증대시켰다. 10대 재벌의 경우 전체 제조업 자산 중 중화학공업이 차지하는 자산비중이 1972년의 70.6%에서 1979년 84.7%로 높아졌다.

이처럼 박정희 정부는 불균형성장정책에 입각하여 초기에는 수출산업부문에 그리고 후반기에는 중화학산업부분에 발전자원을 집중적으로 투자했다. 한국경제의 산업화에 매우 큰 기여를 한 것이 사실이지만 동시에 한국의 경제구조가 불균형하게 성장하는 계기가 고착된 시기이기도 했다.

박정희 정부가 추진한 중화학산업화로 인해 한국경제는 1970년대에 연평균 10%를 상회하는 경제성장을 달성할 수 있었다. 그러나 중화학산업분야를 집중적으로 육성하기 위한 불균형성장정책이 지속되고 부족한 자본을 외자로 조달하다 보니 성장의 질적인 면에서 다양한 문제가 발생하기 시작했다. 인플레이션이 만성화되고 경제력 집중 현상이 심화되었으며 기업의 부채규모가 증가함에 따라 경제의 효율이 저하되었다. 나아가 산업 간, 지역 간 불균형 역시 악화되었다. 한국경제가 비록 양적인 성장은 이루었으나 성장잠재력은 사실상 저하되고 있었다. 중화학산업에 대한 투자를 대폭 증가시키던 1970년대 말기에 불어닥친 제2차 석유파동으로 인해 유가와 물가가 폭등했으며 금리 역시 급격하게 상승하였다. 게다가 선진국시장의 불황으로 인해 수출 또한 대폭 감소했다.

한편 박정희 정부가 복지정책을 전혀 진전시키지 않은 것은 아니었다. 5·16군사쿠데타 직후인 1961~63기간 동안 복지법률이 가장 많이 제정되었다. 그러나 전 국민들 대상으로 한 것이기보다는 공무원과 군인 등 정권의 친위세력을 배려하기 위한 법률이 많았다. 공무원연금법, 군인보험법, 군사원호법, 국가유공자특별원호법이 그 예이다. 아울러 산업재해보상법, 의료보험법, 직업안정법, 직업훈련원법 등 경제개발을 보조하기 위한 수단적 입법도 이루어졌다.

이 당시의 복지입법은 정권을 안정화시키고 산업화를 촉진하기 위한 목적을 가지고 있었다. 박정희 정부는 고도의 경제성장과 일자리 창출을 통해 국민의 복지욕구확산을 억누를 수 있다고 보았다. 권위주의적인 정부는 실제로 노동계층의 불만을 억누를 수 있는 억압수단을 보유하고 있었다. 따라서 정권의 안정화가 가시화되는 1960년대 중반 이후부터는 새로운 법률이 제정되지 않고 정부예산의 복지비 지출 역시 감소했다(서봉섭 1997, 99-100).

이러한 경향은 1970년대에도 이어졌다. 강력한 권위주의체제인 유신체제 하에서 국민의 복지확대 요구는 더더욱 철저하게 억압되었다. 복지비 지출 역시 낮은 수준으로 유지되었다. 다만 1970년대 후반들어 사회부문의 저항 능력이 강화되자 박정희 정부는 억압비용을 감소시키려는 시도의 일환으로 복지비 지출을 확대했다. 그러나 이 역시 근본적인 태도의 변화라기보다는 정권의 정당화를 강화하려는 미봉책의 성격이 강했다(서봉섭 1997, 101-2).

1979년 박정희 대통령의 갑작스런 사망을 계기로 집권한 전두환 정부는 무엇보다도 박정희 정부하에서 발생한 정책적 오류를 해결하고자 했다. 성장우선정책을 포기하고 물가를 안정시키며 국제수지를 방어하는 소위 안정화 정책을 수립했다. 논리적으로 본다면 전두환 정부가 안정화 정책으로 선회함에 따라 박정희 정부하에서 심화된 불균형성장의 문제가 치유될 수 있는 계기가 마련되었다고 볼 수 있다. 하지만 결과는 정반대로 나타났다.

전두환 정부는 안정화 정책의 일환으로 중화학 산업에 대한 대대적인 구조조정을 추진했다. 중화학산업화로 인해 외자가 과도하게 도입되고 시중에 지나치게 많은 자금이 방출되는 문제가 발생했다. 따라서 중화학산업에 과도하게 집행된 중복투자를 해소함으로써 경제를 안정화시킬 수 있다고 보았다.

1980년 전두환 장군이 이끄는 국보위는 당초 1979년 5월 경제안정화 조치의 일환으로 추진되던 제1차 중화학공업 투자조정계획이 지연되자 이를 직권으로 단행했다. 조정대상 산업은 발전설비, 자동차, 건설중장비부문이었다. 같은 해 9월에는 중전기기, 디젤엔진, 전자교환기 및 동제련부분에 대한 제2차 조정방침을 확정했다. 그러나 이 계획이 해당 업체의 사업실패로 파행되자 다시 직권조정을 단행했다. 1984년에는 해운산업합리화계획이, 1986년에는 공업발전법에 의한 산업합리화계획이 그리고 1989년에는 조선산업 합리화계획이 추진되었다.

정부는 산업합리화조치를 뒷받침하기 위해 조세감면규제법의 개정(1985. 12. 23)과 공업발전법의 제정(1986. 1. 8 공포, 7. 1 발효), 한국은행 저리융자제도의 신설(1985. 6. 30) 등 법적·제도적 장치를 만들었다. 조세감면규제법은 부실기업정리과정에서 기업 간의 인수 및 합병을 촉진하기 위해 법인세, 양도세, 취득세 그리고 등록세 등을 면제하는 것을 규정했다. 나아가 부실기업의 자산처분, 사업전환 및 합리화투자지원 그리고 금융기관의 부실채권지원에 관한 방안을 마련했다. 한국은행의 저리융자제도는 산업합리화과정에서 부실기업에 대한 대출금의 상환유예, 종자돈의 지원 및 원금탕감 등으로 인해 시중은행의 부실이 증가하자 한국은행이 이를 메꾸어 주는 제도였다. 정부는 한은특융이라는 연리 3%의 저리자금을 만들어 기존의 한은 대출금과 교체해 주었다. 공업발전법은 합리화 대상업종에 대해 신규참여를 금지시키거나 생산전문화를 지원하는 것을 주요 내용으로 하고 있었다.

정부가 이처럼 합리화조치를 실시한 이유는 기업을 부도처리하는 시장주의적 방식은 대량실업, 하청업체의 부도, 은행의 결손발생 등 국민경제전반에 미치는 영향이 클 것이기 때문이었다. 따라서 제3자 인수방식 중심으로 부실기업을 정리했다.

그러나 이러한 방식은 사기업이 저지른 경영상의 실패를 국가의 재정으로 보전해 주는 선례를 만들었다는 점에서 문제를 가지고 있었다. 1970년대 말 제2차 석유파동이 발생하자 중화학공업의 부실은 눈덩이처럼 불어났다. 부실의 규모가 상상을 초월했고 이에 대한 정부의 지원규모도 국민들에게 공개하기 어려울 만큼 큰 것이었다.

그럼에도 불구하고 정부는 국민경제에 미치는 악영향을 봉쇄한다는 명분 하에 파격적인 금융지원을 제공했다. 한 예로, 대우가 인수한 경남기업의 경우 기존 대출금 4,741억 원을 이자 없이 15년간 거치한 후 15년에 거쳐 분할상환하도록 하고 주거래은행으로 하여금 기업정상화자금 즉 종잣돈 명목으로 2,000억 원을 12년 거치 5년분할상환 조건으로 지원해 주도록 했다.

결국 산업합리화 조치로 인해 기업들은 부실이 큰 기존의 기업을 털어내고, 경쟁력이 있는 기업을 새로이 인수하며, 정부의 지원도 추가로 받게 되는 셈이 되었다. 이 과정에서 상대적으로 작은 기업은 대규모 재벌기업에 흡수되었다. 결국 전두환 정부하에서 본격적으로 추진된 중화학 투자조정 및 산업합리화 계획으로 인해 경제력집중이 오히려 심화되고 중위권 이하의 기업들이 도태되는 결과가 발생했다. 경제안정화 정책이 역설적으로 기업 간 불평등을 심화시키는 결과로 귀착되었던 것이다.

전두환 정부는 안정화정책을 추구했던 만큼 사회복지에 대해 상대적으로 높은 관심을 가지기 시작했다. 경제사회개발 목표를 안정, 능률, 균형으로 설정했다. 국정지표 중 하나로 사회복지건설을 내세우기도 했다. 그러나 전 정부의 복지정책 역시 박정희 정부의 그것과 근본적으로 유사한 양태를 보였다. 즉 정권의 정통성이 약했던 초기에는 복지법률의 제정도 활발했고 복지비 지출도 증가했다. 그러나 중반기 접어들면서 다시 감소했다가 민주화 원년이라 할 수 있는 1987년 들어 다시 증가하는 추세를 보였다. 즉 정권이 안정화된 후에는 다시 복지지출을 감소시키는 패턴을 구사했다.

1987년 이후 들어선 민주적 정부들하에서도 사회경제적 불평등은 개선되기보다는 악화되는 경향을 보였다. 탈권위주의 이후 우리 대한민국이 추구했던 민주주의 모델은 자유민주주의였다. 즉 개인의 자유와 경쟁을 강조하는 자유주의적 가치와 형평과 분배를 강조하는 민주주의가 균형적으로 공존하는 모델이다. 그러나 한국에서 자유민주주의 모델은 후자보다는 전자에 좀 더 비중을 두는 모습으로 발전해 왔다. 민주주의적 가치는 당초 정치분야에 한정되어 있다가 김대중, 노무현 정부에 들어서면서 사회분야로 확산되었으나 아직도 경제민주화 영역까지 본격 확대되진 않고 있다.

1988년 수립된 노태우 정부는 보수3당 간 합당이 이루어진 1990년까지 약 2년여의 기간 동안 정치민주화와 경제민주화 프로그램을 진행했다. 권위주의 정치의 잔재를 청산하는 정치민주화 프로그램과 병행하여 경제민주화 프로그램을 추진했다. 노동권이 강화되고, 재벌에게 지급되는 정책금융을 축소하는 등 재벌에 대한 경제력집중 규제가 강화되었다. 사회보장 재정지출을 증대시키고 수도권 신도시를 건설하여 200만 호의 주택을 보급하는 정책을 펼쳤다.

그러나 노태우 정부의 경제민주화 정책은 정치민주화 계획이 후퇴함에 따라 1990년도에 들어 사실상 중단되었다. 노동자들의 파업이 격화되자 재벌은 한국경제의 침체원인이 경제민주화에 따른 노사관계의 불안정때문이라고 비판했다. 그리고 무엇보다도 3저효과의 실종으로 인해 경제가 다시 침체기에 접어들고, 1990년도에는 경상수지가 적자로 돌아서게 되었다.

1990년 2월 보수3당이 합당하여 민주자유당을 창당하고 정부의 사회 및 경제통제력을 강화하기 시작하면서 경제민주화는 급격하게 퇴조했다. 이러한 분위기에서 분배와 형평의 문제는 경제성장과 효율성이라는 아젠다에 눌려 더 이상 추진되지 못했다. 결국 정치경제민주화를 주창한 노태우 정부하에서 사회경제적 불평등의 문제가 제도적으로 해결될 수 있는 기회가 상실되고 말았다.

다만 노태우 정부는 민주주의를 정권의 가장 중요한 목표로 설정한 만큼 전두환 정부 말기에 약속되었던 복지관련 정책을 지체없이 실천했다. 국민연금법, 농어촌지역 의료보험확대, 최정임금법실시 등이 그 예이다. 도시지역의료보험과 약국의료보험이 시행되고 국민연금법 적용대상도 더욱 확대되었다. 정부예산 중 복지비 지출 역시 전두환 정부 때에 비해 크게 증가하여 거의 전 기간 동안 높은 수준을 유지했다. 민주주의적 정부를 표방한만큼 국민들의 복지요구에 대해 상대적으로 수용적인 태도를 보였다. 전임 정부 말기에 논의되었던 복지정책을 현실화시켰다. 하지만 새로운 복지정책을 고안하고 확대하는 데는 한계를 보여주었다(서봉섭 1997, 105-109).

노태우 정부를 승계한 김영삼 정부는 경제자유화를 주요 경제아젠다로 설정했다. 전임 정부의 경제민주화정책이 초래한 부정적 효과를 불식시키고 경기를 활성화시키기 위한 조치였다. 김영삼 정부가 주창한 신경제정책의 핵심은 바로 경제자유화였다. 국민의 참여와 창의가 유발될 수 있도록 규제를 완화하고 재정, 금융, 행정 등 각 분야의 제도를 공정경쟁과 자율성 보장 그리고 경제정의 구현의 측면에서 과감하게 개혁하는 것이라고 주장했다.

발전국가의 유산 즉 보호와 육성에 길들여진 한국경제를 개혁하기 위해 자유화를 통한 경쟁원리를 도입했다는 점에서 김영삼 정부의 접근법은 노태우 정부의 그것과 차이를 보였다. 국가가 불균형을 수정하기 위해 직접 개입하여 분배하기보다는 시장행위자 스스로 공정한 경쟁을 벌일 수 있는 틀을 만드는 것, 그리고 결과보다는 기회의 형평을 구현하는 것이 경제의 성장을 유지하면서 개혁을 추진할 수 있는 방법이라고 보았던 것이다.

김영삼 정부가 금융실명제와 부동산실명제를 실행에 옮긴 것은 시장주의적 개혁의 단적인 예라 할 수 있다. 이 두 제도는 중상주의적 발전국가하에서 배양된 부정의하고 부패한 정경유착을 척결하고 시장의 투명성과 자율성을 확보할 수 있는 가장 중요한 개혁으로 간주되었던 과제들이었다. 특히 재벌들이 정부의 보호와 지원을 통해 획득한 자본을 지배구조 개선이나 생산성 향상을 위해 사용하도록 압박하기 위한 필수적인 제도였다. 발전국가하에서 대기업들은 경영효율을 개선하기보다는 정경유착을 통해 지대를 추구하거나 부를 지하금융이나 부동산에 투자하는 양태를 보여 왔던 것이다.

그러나 김영삼 정부의 개혁시도는 그 강도를 끝까지 이어가지 못했다. 금융실명제 이후 지하금융이 경색되자 중소기업의 부도가 증가했고 실물경기 역시 위축되었다. 민주적 정부를 향한 노동자들의 임금상승 요구는 여전히 지속되었다. 중산층들 역시 경제개혁정책이 가시적인 이익을 제공하지 못하자 개혁 1년을 전후하여 개혁정책에 대한 지지를 철회하기 시작했다.

김영삼 정부는 문제타결을 위해 경제자유화의 속도를 가속화시키는 방법을 택했다. 1996년 OECD가입이라는 목표를 설정하고 경제자유화를 매우 과감하게 추진했다. 신규산업에 대한 시장진입규제를 완화하고 금융자유화를 추진했다. 재벌기업에 대한 규제도 완화하여 여신한도 관리대상을 30개 기업에서 10개 기업으로 축소했다. 외국인 투자개방이 확대되었고 국내기업의 해외투자에 관한 규제가 완화되었다.

OECD 가입시도로 인해 분배와 형평이라는 가치는 일순간에 실종되었다. 그보다는 시장의 자유화 및 규제완화가 최우선의 가치로 강조되었다. 시장의 자유화라는 명분하에 대기업에 대한 규제강도는 현격하게 완화되었다.

기업은 해외에서 이전보다 좋은 조건으로 금융을 조달하여 신규사업확장에 매진할 수 있게 되었다. 재벌기업의 양적팽창은 부채비율의 증가에도 불구하고 가속화되었다.

재벌기업의 급격한 성장은 사회경제적 불평등을 야기하는 핵심적인 요인이었다. 발전국가하에서 정부의 보호와 지원을 등에 업고 국내시장을 독과점해온 재벌들은 경제자유화정책 덕분에 정부에 대한 부담을 더는 한편, 공정한 경쟁틀 마저 약화시킬 수 있는 계기를 맞이했다. 경제자유화를 추진하기 전에 공정경쟁이 구현되도록 시장보호적 장치들이 제거되고 분배와 형평의 문제가 어느 정도 해결되었어야 했으나 현실은 그렇지 못했다. 불균형적 성장을 유발한 요인들이 해소되지 못한 채 경제자유화가 추진되었다.

그리하여 정부의 보호와 육성하에서 형성된 불균형적 성장 패턴이 오히려 더욱 심화되었다. 규제자유화에 힘입어 정부의 개입능력이 약화되고 재벌들은 이 틈을 타 그동안 경제력집중 완화차원에서 진입이 억제되었던 분야로 사업확장을 시도했다. 결국 경제자유화로 인해 강자는 쉽게 경쟁에서 이기고 더 강해질 수 있는 상황이 조성되었던 것이다.

김영삼 정부는 최초의 민간인에 의한 민주정부임을 주장했지만 과거 권위주의와 다르지 않은 억압주의적 노동정책을 유지했다. 노조의 정치참여, 제3자 개입금지, 복수노조 불인정 등 권위주의적 유산을 그대로 유지했다. 문민정부 내내 보건복지예산의 수준도 노태우 정부 시절의 수준을 넘지 않았다(서봉섭 1997, 105-109). 1996년 말 노사정이 참여한 노사관계개혁위원회에서 첨예한 노동법쟁점들이 합의되었음에도 불구하고 정부와 여당이 노동시장의 유연성을 증진하는 방향으로 관련법을 개정하여 국회에서 날치기 통과시키기도 했다. 노동의 상품화를 강화시키는 방향으로 개혁되었던 것이다. 요컨대 김영삼 정부의 경제적 자유화정책이 시장주의적 개혁을 시급하게 추진하는 바람에 분배와 형평등 민주적 가치들이 간과되는 결과가 발생했다. 이로써 사회경제적 불평등은 오히려 심화되는 양상이 전개되었다.

복지관련 정책을 살펴보아도 김영삼 정부가 전임정부에 비해 복지를 학대하는 정책을 취했다는 증거는 찾기 어렵다. 경제자유화에 치중한 만큼 출범이후에 보여준 복지정책은 빈약했다. 1995년의 지방선거, 1996년의 국회의원선거와 OECD가입을 준비하며 다소 적극적인 모습을 보여주었을 뿐이었다. 신우파적 성향을 추구한 김영삼 정부는 복지를 수단적인 관점에서 이해하는 경향을 보였다.

금융위기의 발생과 더불어 출범한 김대중 정부는 전임정부들이 시도했으나 실패로 마무리된 경제민주화와 경제자유화의 중간을 택하는 소위 제3의 길을 택했다. 이미 권위주의에서 탈피한 이상 자유화와 민주화의 압력을 어느 정부도 회피할 수는 없었다. 다만 문제는 자유와 민주라는 두 가지의 가치를 어떻게 하면 균형적으로 달성할 수 있는가 하는 점이었다.

이러한 중간적 접근법의 선택은 금융위기와 더불어 직면한 정치경제적 상황으로 인해 불가피한 면도 있었다. 정부는 구제금융을 받는 조건으로 IMF가 요구하는 시장주의적 개혁을 수행해야 했다. 그러나 다른 한편으로 중상주의적 정책과 경제자유화 정책하에서 고질화되어가는 사회경제적 불평등의 문제를 해결하기 위해서 분배와 평등을 제고하는 정책을 수행해야 했다. 사회보장제도를 확충하는 작업은 분배를 개선하는 작업이면서 동시에 시장주의적 개혁을 뒷받침하는 것이기도 했다. 개혁에서 도태된 인력들에게 사회안전망을 제공하여 시장주의가 무리없이 정착할 수 있도록 지원하는 제도가 필요했던 것이다.

김대중 정부가 제시한 소위 디제이노믹스(DJnomics)는 경쟁과 분배 간의 조화를 강조하는 정책 아이디어였다. 시장경제의 선결요건으로서 민주주의를 강조하고 있다. 국민의 참여, 법의 지배, 견제와 균형의 원칙에 따라 운영되는 민주주의가 경제발전에 기여하는 중대한 요인이라고 주장한다. 국민의 참여에 기초한 민주적 합의는 체제를 안정시킴으로써 지속적인 경제성장의 토대를 제공한다는 것이다. 이로써 김대중 정부는 참여민주주의를 통한 시장경제의 달성을 목표로 삼았다.

IMF의 간섭을 받는 김대중 정부의 복지개혁이 신자유주의적 요소를 완전히 배제할 수는 없었다. 그럼에도 불구하고 정부는 참여민주주의적 요소를 포기하지 않았고 일부는 오히려 강화했다(양재진 2011, 221). 특히 사회보험을 강화했다는 점에서 그러했다. 우선 4대 사회보험(의료, 고용, 국민, 산재)의 적용범위가 대폭 확대되었다. 의료보험도 통합되었다. 공무원, 교원, 지역의료보험이 1998년 통합되고 직장의료보험도 통합되었다. 1999년 8월 국민기초생활법에 의거 국민기초생활보장제도가 실시되었다. 이로써 저소득층 보호, 노인복지, 장애인재활촉진, 아동복지개선, 의료보험내실화, 국민연금확대 등이 추진되었다. 또한 근로연계사업을 추진하여 실업률을 완화시켰다.

김대중 정부의 이러한 참여민주주의적 입장에도 불구하고 무게의 중심은 전체적으로 자유시장적 경제를 구현하는 데 놓여질 수밖에 없었다. IMF의 요구조건이 워낙 강했고 한국경제의 대외적 신인도를 제고하기 위해서라도 시장중심적 개혁은 불가피한 것이었다. 금융분야에서는 한국은행을 독립시키는 등 금융기관을 정부의 간섭으로부터 자율화시켜 영리적 기업으로 전환시키고 전반적인 금융체제도 시장중심적인 것으로 개편했다. 금융기관에 대한 정부의 지원을 철회하고 금융시장에 대한 정부의 감독기능을 강화시켰다. 공적자금을 도입하여 부실금융기관과 부실기업을 구조조정함으로써 시장주의적 경제환경을 출범시킬 준비를 대대적으로 진행했다.

전체적으로 보았을 때 김대중 정부의 재분배시도는 한계를 가질 수밖에 없었다. 국가의 재정적 여유가 충분치 못했고 경제위기에서 극복하는 작업이 보다 시급했다. 시민의 참여를 강조했지만 사실상 노동의 참여는 제한적으로 이루어질 수밖에 없었다. 1988년에 시급하게 이루어진 2·8사회협약을 통해 노동시장의 유연화가 합의되었다. 이 과정에서 노동은 협의와 타협의 대상으로 공식 인정되었으나 결과적으로 노동이 경제위기에서 파생된 피해를 그대로 감내하도록 설득하는 계기로 작동했을 뿐이었다.

재벌에 대한 정부의 규제가 일부 강화되었으나 획기적인 수준에 도달할 수는 없었다. 국내기업을 지나치게 위축시킬 경우 경제회복에 걸림돌이 될 수도 있고 외국기업이 국내시장을 잠식하는 것을 견제할 수 없게 된다는 한계가 존재했다. 따라서 국민들이 가지고 있었던 김대중 정부에 대한 기대에도 불구하고 김대중 정부의 형평 및 분배 제고 노력은 다분히 한계를 가질 수밖에 없었다. 일부 진보적 시각에서는 따라서 김대중 정부가 민주적이기 보다는 신자유주의적 성격을 보여주었다고 비판하기도 했다(Sonn 2009).

김대중 정부를 승계한 노무현 정부는 이전 정부들에 비해 분배와 형평이라는 민주주의적 가치를 구현하는 데 비교적 많은 노력을 기울였고 이러한 면에서 상대적으로 성공한 정권이다. 전임정부가 IMF의 요구로 인해 시장주의적 개혁을 추구할 수밖에 없었던 그래서 경제적 불평등이 악화될 수밖에 없었던 한계를 극복하고자 했다. 노무현 정부가 김대중 정부하에서 진행된 경제개혁의 피해자들의 지지를 받아 탄생한 정권이라는 점에서 민주주의적 가치의 구현에 매진했던 것은 매우 당연한 귀결이었다.

노무현 정부가 정치적으로 가장 두드러진 특징을 보인 점은 보수기득권층을 개혁의 대상으로 삼았다는 점이다. 이들은 금융위기의 많은 책임이 있음에도 불구하고 위기극복과정을 거치면서 오히려 정치경제적 세력을 확대했다. 경제위기가 다소 진정되자 경제위기하에서 숨죽이고 있던 기득권의 세력이 회복되었다. 2000년 4월에 열린 16대 총선 결과 한나라당은 133석으로 제1당에 복귀했고 새천년민주당은 115석으로 제2당, 자민련 17석으로 제3당의 위치를 차지했다.

지역 중심의 정치구도로는 국회에서 진보세력이 보수세력과 경쟁하기 어렵다고 판단한 노무현 대통령은 2003년 새천년민주당을 탈당하여 개혁적이고 탈지역적인 열린우리당을 창당했다. 열린우리당은 창당목표로서 중산층과 서민이 잘사는 나라를 구현하겠다고 밝힘으로써 분배와 형평의 가치를 추구할 것임을 분명히 했다. 노무현 대통령은 선구제도 개혁을 통해 1인2표 정당명부식 비례대표제를 도입함으로써 2004년 제17대 총선에서 다수당의 위치를 차지했고 민주노동당과 같은 진보적 소수세력이 국회에 진출할 수 있는 기틀을 마련했다(Lee and Lim 2006).

노무현 대통령은 민주주의적 가치를 강조하면서 분배와 형평을 제고할 수 있는 정책을 추진했다. 우선 신행정수도 건설로 대표되는 지방분권화 작업을 추진했다. 노사정 위원회의 기능을 강화하는 등 노동의 참여를 촉진시켰으며, 양성평등을 제고하기 위한 정책을 추진했다. 재벌개혁작업의 일환으로 상속증여 완전포괄과세를 실시하고, 소액주주의 권한을 강화하는 차원에서 증권분야 집단소송제도를 마련했다. 출자총액제한제도를 강화했고 재벌기업이 금융기관을 소유하지 못하도록 금산분리를 강화했다.

노무현 정부는 전반적으로 정부의 정책결정 및 집행과정에서 시민과 노동의 참여를 촉진하는 참여민주주의적 정책을 추진했다. 아울러 복지 및 분배정책도 강화했다. 2006년 예산의 경우 총예산의 증가율이 6.6%였고 국방비가 9.0% 증가한 데 비해 복지예산은 9.3%가 증가했다. 반면에 사회간접자본 구축예산은 1.6% 증가하는 데 그쳤다. 노무현 정부의 분배중심적 정책은 정권 말기로 갈수록 강화되었다. 노정부의 주요 정치적 지지기반이 서민과 노동계층이었기 때문이다.

그러나 노무현 정부의 분배적 정책은 이명박 정부가 들어서면서 더 이상 이어지지 못했다. 김대중, 노무현 정부가 채택했던 참여민주주의에 대한 비판적 여론이 고조되었던 것도 한 원인이었다. 시민단체의 과도한 참여로 인해 민주주의 피로현상이 나타났다. 보수적 성격의 이명박 정부는 취임하자 경제회복과 성장을 아젠다로 제시하면서 민주화보다는 정치, 경제, 행정적 효율성을 제고하는 데 매진했다.

이명박 정부의 성장-효율드라이브는 무엇보다도 이정부가 취임한 2008년 미국발 금융위기가 발생한 데 기인한 바 크다. 이명박 정부는 금융위기를 극복한다는 명분으로 친시장적이기보다는 친기업적인 일련의 정책을 추진했다. 투자를 촉진시키기 위해 이자율을 낮추었고, 법인세를 인하했으며, 대기업의 투자를 촉진한다는 명분하에 2009년 출자총액제한제도를 폐지했다. 노무현 정부가 강화했던 금산분리 정책을 완화했고 지주회사에 대한 규제도 완화했다. 그리고 수출을 촉진하기 위해 원화를 의도적으로 절하하는 정책을 구사했다. 이명박 정부는 시장의 경쟁을 강화하는 시장중심적 정책보다는 규제완화를 통해 기업의 활력을 불어넣는 친기업(pro-business)정책을 추진했다. 그 결과 앞에서 살펴보았듯이 경제력집중현상과 양극화현상은 보다 심화되는 양상을 보였다.

반면에 이명박 정부는 복지관련 예산을 최대로 절약하는 양상을 보였다. 그 대신 고용을 촉진하기 위한 그린뉴딜의 일환으로 4대강개발정책을 추진하고, 저축은행부실로 인해 발생한 손실을 메꾸는 데 정부의 재정을 지출했다.

공기업 지원에도 많은 재정이 투입되었다. 정부는 고용을 유지한다는 명분하에 당초 추진하기로 했던 민영화 계획을 잠시 보류하고 공기업을 정상화시키는 프로그램을 추진했다. 정부가 경기부양차원에서 추진해야 할 재정지출성 정책을 공기업을 대리인으로 삼아 추진했다. 그 결과 공기업의 부채는 증가했고 정부는 일정 부분 이를 보전해주었다. 그 결과 2011년 현재 정부와 공기업의 부채는 GDP의 68.6%에 달한다(한국경제 2012/04/11). 이는 OECD가 권고하는 50%를 훨씬 상회하는 수준이다.

이러한 상황으로 인해 국민들의 느끼는 불평등의식과 상대적 박탈감은 급격하게 심화되었다. 정부의 지원에 힘입어 대기업들은 막대한 양의 영업이익을 구현했다. 반면에 실질 실업률은 증가했고 가계부채 역시 그러했다. 대기업과 중소기업 간의 하도급관계는 개선되지 않았고 앞에서 본 바와 같이 사회경제적 불평등은 더욱 심화되었다.

국민들의 복지욕구를 충족시키기 위한 예산 역시 최소한의 수준에서 유지되었다. 이명박 정부는 재정편성의 기본틀을 이전 정부의 복지에서 사회간접자본확충으로 전환했다. 즉 저소득층을 직접 지원하기보다는 재정사업 전개를 통한 일자리 창출에 초점을 맞추었다. 복지예산의 절대금액은 증가하고 있으나 이전 정부에 비해 복지예산증가율은 감소하고 있다. 노무현 정부하에서는 평균 10.1%의 증가율을 보였으나 이명박 정부하에서는 6%에 불과하다(경향신문 2011/02/23).

이상에서 살펴본 바에 따르면 역대 정부 중 진정한 의미에서 분배와 형평 같은 민주주의적 가치에 비중을 두고 정책을 전개한 예는 드물다. 노태우 정부는 정치경제민주화를 내세우며 시작되었지만 그러한 기조는 2년 이상 유지되지 못했다. 김대중 정부는 민주화와 자유화를 조화시키고자 했으나 당시 한국경제를 사실상 지배하고 있던 IMF와 외국자본의 시장주의적 개혁

요구로부터 자유로울 수 없었다. 정권 기간 내내 민주주의적 기조를 유지한 것은 노무현 정부가 거의 유일했다. 그러나 이명박 정부가 들어서고 제2차 금융위기가 발생하면서 사회경제적 민주주의에 대한 고려는 실종되고 말았다.

형평과 분배의 왜곡현상은 정부의 의도적 노력이 없이는 교정되기 힘들다는 점을 한국의 사례는 잘 보여주고 있다. 자유시장주의가 강조하는 소위 낙수효과가 시장에서 자동적으로 발생할 것이라는 낙관적 견해가 지지되기 힘들다. 발전국가하에서 고착화된 불균형의 구조가 워낙 견고하기 때문이 더욱 그러할 것이다. 게다가 우리 국민들의 마음속에 깊게 자리 잡고 있는 경제성장에 대한 열망은 역대 정부로 하여금 분배적 정책을 지속적으로 추진하기 어렵게 하고 있다.

V. 한국에서 불평등은 왜 문제가 되는가?

우리 한국에서 불평등은 자연발생적이라기보다는 정부의 인위적 정책집행에 기인한 것이다. 즉 장기간에 걸친 자본주의의 발전에 따라 형성된 구조적 현상이라기보다는 정부의 압축적 산업화 정책의 결과로 단기간에 걸쳐 발생한 문제이다. 위에서 살펴본 바와 같이 역대 정부들은 경제적 성장을 정권의 가장 중요한 치적으로 간주했다. 특히 권위주의적 성격이 강한 정부일수록 정치적 정당성의 부족을 경제적 성과로 보완하고자 했다.

박정희 정부의 경우 특히 이러한 경향이 강했다. 한 자릿수 성장이 아니라 두 자릿수 성장을 통해 정통성을 강화하고자 했다. 따라서 경쟁국이었던 대만과는 달리 정부의 직접적인 금융지원도 마다하지 않았다. 일반적으로 수출대체적 산업화에서는 정기적 환율절하를 통해 수입을 억제하고 수출을 장려하는 방식을 주로 사용한다. 그러나 박정희 정부는 보조금을 지원하는 방식을 더 선호했다. 국유화된 은행들로 하여금 대출금리를 낮게 유지토록 강요하고 예금금리와의 역금리를 조장하여 수출기업에 보조금을 지원했다. 또 전략산업 육성을 위해 정책금융의 집행을 마다하지 않았다. 그 결과 경제성장률은 높았으나 정부의 재정부담이 많았다. 은행의 손실분과 정책금융의 상당부분은 국민의 세금으로 보전되었다.

그만큼 국민들의 정부의 부당함에 대한 불만도 많았다. 그렇기 때문에 정부는 이를 억누르려 권위주의적 성격을 강화했다. 정권의 정당성을 높은 경제성장률로 증명하려 전략산업을 더 육성했고 여기에 재벌이 투입되었다. 권위주의적 정부에게 재벌은 경제성장을 달성해주는 전사였고 군부와 더불어 권위주의적 정권의 강력한 지지자였다. 불균형성장정책이 집행된 이면에는 이처럼 정치적 이유가 잠재해 있었다. 국민들은 불만이 있어도 문제제기를 할 수 없었다.

수출대체산업화와 더불어 1970년대에 들어서는 중화학공업 육성을 위해 수입대체산업화를 강력하게 병행 추진하면서 불균형의 문제는 더욱 심화되었다. 박정희 정부는 1973년 중화학공업화를 본격 시작했으나 석유파동에 의한 불경기로 1979년 엄청난 손실을 기록하면서 산업합리화라는 구조조정 프로그램에 착수했다. 6년간의 무리한 과잉투자는 후일 한국경제에 큰 부담을 주었다. 물론 수출에 기여한 바도 컸다. 그러나 1980년 전두환 정권의 국보위가 산업합리화 작업을 시작한 이래 김대중 정부가 빅딜과 워크아웃을 마무리할 때까지 무려 23년 동안 중화학공업부문은 경제위기의 주된 원인으로 작용했다.

문제는 이러한 위기를 겪을 때마다 재벌기업은 더 규모가 더 확대되었고 구조조정에 필요한 자금은 국민 세금으로 메꾸어졌다는 점이다. 국민의 세금이 사기업인 재벌의 확대를 도모하는 자금 즉 정책금융이나 구조조정기금의 형태로 강제 집행되었다. 수출과 애국심이라는 볼모에 잡힌 정부와 국민들은 기업을 생존시키려 했고, 국내기업들이 해외기업에 흡수당하지 않도록 성원을 보냈다.

그럼에도 불구하고 국민들의 상대적 박탈감은 더 심해졌다. 재벌들은 사적 재산권을 강화시키면서 성장의 과실을 국민들과 나누지 않았다. 경제력에서 비롯된 정치적 힘은 국가도 통제하기 어려울 정도로 강화되었다. 과거와는 달리 재벌들은 정부의 투자요구를 경기전망의 불투명 등을 명분으로 거부할 수 있는 위치에 서게 되었다. 재벌들에게 국가의 번영보다는 기업의 생존이 우선이었다. 1997년 금융위기에서 얻어진 학습효과였다.

과거에 이러한 불평등 성장정책이 용인될 수 있었던 이유는 발전국가의 기반이 된 국가공동체주의적 이념 때문이었다. 공동체주의는 나보다는 공동체의 이익을 우선시한다. 발전국가하에서 개인의 이익은 거의 언제나 희생되었다. 정부가 재벌을 지원한 것도 대한민국이라는 공동체의 번영을 위해서였다. 따라서 당초 박정희 대통령 자신은 재벌을 사기업으로 인정하지 않았다. 국가의 자금으로 육성되어 경제성장의 임무를 수행하는 반관반민적 기업이었다. 정부는 국민들에게 국가공동체의 발전을 위해 고통을 감내해 줄 것으로 요구했고 재벌은 사기업이 아니라는 논리로 상대적 박탈감을 완화시키고자 했다. 당시 정부는 재벌이 일탈할 경우 기업을 몰수할 힘을 가지고 있었다. 재벌 소유주들이 과도하게 사치를 누리는 것을 금했고, 재벌가족의 병역회피를 조사하는 등 국가공동체의 분열을 예방하고자 했다.

그러나 자본주의가 성숙되고 경제적 자유화가 진전되고 재산권의 개념이 확립되면서 재벌은 점점 사기업임이 분명해졌다. 신자유주의적 사조가 확대되면서 이러한 사적 이익중심의 사고는 더욱 확고해 졌다. 게다가 대통령을 비롯한 정치인보다 재벌 총수와 일가의 재임기간이 더 길어졌다. 정부의 통제력은 상대적으로 약해졌다.

그 결과 나타난 현상은 재벌이 기득권을 유지하기 위해서는 시장주의적 논리를 그리고 경제위기시에 국가의 지원을 받기 위해서는 공동체주의적 논리를 구사하는 것이다. 정부 역시 크게 다르지 않았다. 정부와 재벌은 이 두 가지 논리를 양면적으로 구사하며 경제적 불균형의 심화를 정당화해 왔다.

한 예가 출자총액제한제도의 폐지이다. 이 제도는 당초 기업의 무리한 다각화를 방지하기 위한 경제력집중억제정책이었다. 김대중 정부하에서 제도의 운영이 중지되었다가 다시 집행되었다. 노무현 정부 때 다소 강화되었다가 이명박 정부하에서 결국 폐지되었다.

그 이유는 다음과 같다. 김대중 정부하에서 잠시 폐지되었던 이유는 기업구조조정과정에서 매물로 나온 기업들을 본 제도의 규제를 받는 대기업이 인수할 수 없게 되자 해외매수세력의 국내 경쟁자가 필요했기 때문이었다. 이는 신자유주의적 논리와 중상주의적 논리의 묘한 결합이었다. 시장경쟁을 촉진하기 위해서 또 다른 한편으로 국내의 산업이 해외자본의 영향력하에 놓이는 것을 방지하기 위해서였다.

이를 계기로 대기업의 확장이 가속화된다는 여론이 일자 동 제도를 다시 부활시켰다. 그러나 이명박 정부는 2008년 미국발 금융위기를 극복하기 위해 친기업정책을 펼쳤고 기업규제완화 차원에서 이 규제를 폐지했다. 이 역시 신자유주의적 논리와 중상주의적 논리의 묘한 결합이었다. 경쟁제한적 규제를 완화하여 국내기업활동을 활성시킴으로써 경기회복의 전위대로 육성하겠다는 것이었다. 직접적인 상관관계에 관해서는 재벌 측의 반론이 만만치 않으나 결과적으로 이명박 정부하에서 상위 대기업의 성장세는 가히 폭발적이었다.

결국 정부의 정치·관료적 이익과 시장의 사적 이익 사이에서 국민 또는 시민들의 이익은 보호받지 못했다. 특히 불균형 성장정책을 통해 경제적 성과를 도출하고자 했던 정부는 점점 더 자본의 영향력에 침식당하는 양상을 보였다. 네오 맑시스트인 블록(Block 1977)이 주장하듯이 국가는 경제적 성과를 도출하기 위해서 전략적으로 자본의 요구에 응할 수밖에 없다. 이러한 상황에서 공동체주의적 논리나 시장자유주의 논리는 국민 개개인의 이익을 보호해 주지 못한다. 경제성장 그리고 시장의 확대가 정부와 기업이 추구하는 최상의 목표인 이상 국민들의 이익은 우선순위가 밀릴 수밖에 없다.

발전국가라는 중상주의적이고 공동체주의적 정체와 그 뒤를 이른 신자유주의적 경제의 부상은 우리나라의 사회경제적 불평등을 유발하고 심화시킨 주범들이다. 국가자본주의 모델을 옹호하는 일부학자들은 신자유주의를 주범으로 지칭하고 있다(신장섭·장하준 2004). 그러나 문제의 근원은 바로 발전국가의 불균형성장 전략에 있었다. 시장의 자유화를 강조하는 신자유주의의 확산에 의해 불균형의 문제가 교정되지 않고 오히려 더 심화된 것이다. 앞에서도 살펴보았듯이 중상주의와 자유주의는 양자 모두 경제적 불평등을 문제시 하지 않는다. 우리가 논의할 양극화 해소를 위한 시대적 과제는 바로 이 문제를 정확하게 직시하고 해결책을 모색하는 것이다. 이것을 해소하지 못할 경우 한국의 자본주의는 극심한 불안정을 경험하게 될 것이다. 국가는 통합의 실패를 경험하게 될 것이다. 그렇다면 어떻게 해결책을 모색할 것인가?

VI. 양극화 해소를 위한 시대적 과제

이상에서 우리는 1960년대 이후 압축적 경제성장을 진행하는 과정에서 왜 사회경제적 불평등이 형성될 수밖에 없었는지 고찰했다. 이러한 현상이 발생하게 된 주된 원인은 불균형 성장전략을 추진한 중상주의적이며 권위주의적인 발전국가모델 그리고 신자유주의적 경제체제의 성립에 있다고 보았다.

이 두 가지 모델은 국가의 모델을 상정함에 있어서 큰 차이가 있다. 전자는 간섭국가적 성격을, 후자는 규제국가적 성격을 갖는다. 즉 전자는 전략산업육성을 위한 국가의 시장간섭을 정당화하고 있으나, 후자는 국가의 시장간섭을 불가피한 상황이 아니고는 가급적 자제할 것을 주장한다.

이러한 차이점에도 불구하고 양자는 공통점이 있다. 즉 시장과 자본의 축적을 추구한다. 다만 방법적으로 전자는 국가의 산업보호와 육성을 통해 후자는 시장의 자유화를 통해 자본의 자율적 축적을 추구한다. 이처럼 자본의 양적 성장을 강조하다 보니 형평과 분배에는 상대적으로 관심이 덜하다.

이 두 가지 전략의 문제점을 극복하고 분배와 형평을 개선하기 위해서는 민주적인 요소의 도입을 보다 확대시켜야 할 필요가 있다. 민주적 가치를 단순히 정치분야뿐만 아니라 사회와 경제분야에까지 확대 적용해야 할 것으로 생각된다. 여기에는 두 가지 방법이 있을 수 있다. 하나는 사민주의적 모델이고 다른 하나는 참여민주주의적 또는 거버넌스적 모델이다.

장기적으로는 사민주의적 방식을 지향해야 할지도 모른다. 그러나 비용이 과도하게 필요할 수 있다는 단점이 있다. 보편적 복지를 시행하기 위해 북구국가들처럼 세금이나 사회보장 지출이 급격하게 상승해야 할 것이다. 따라서 단기적으로는 도입여부에 대해 합의하기가 쉽지 않다.

우리가 당장 도입할 수 있는 모델은 사민주의보다는 비용효율적인 종류일 수밖에 없다. 북구국가들에 비해 일인당 국민소득 수준이 낮은데다 인구도 많기 때문이다. 따라서 다른 방식을 모색해야 한다. 그래서 생각할 수 있는 모델이 사민주의에 비해 민주주의의 심화정도가 다소 낮은 참여민주주의적 또는 거버넌스적 모델이다.

이 모델의 특징은 국가와 시장외에 시민사회라는 제3섹터를 상정한다. 국가가 공익을 명분으로 관료적 이익을 추구하고 시장이 사적 이익만을 추구하는 현상을 시민사회가 견제하는 모델이다. 시민사회는 국가 공동체 전체보다는 시민들만의 고유한 이익 가칭 사회적 이익을 추구한다. 이것은 공동체주의에서 상정하는 공공선 또는 공동선(common good)과는 다르다. 시민들만의 배타적 이익이다. 국가와 시장이 동의하지 않을 수 있다.

환경문제가 한 예이다. 중앙정부나 지방자치단체는 자연을 개발하여 관광수입을 증대시키려 한다. 기업은 개발사업에 참여하여 이익을 창출하고자 한다. 이때 자연을 보존하여 후대에게 물려주고자 하는 사회적 이익이 존재할 수 있다. 이들은 지금의 불완전한 개발보다는 후대에 의한 보다 의미있는 개발을 추구할 수 있다. 이 경우 환경보존은 국가공동체의 모든 구성원이 동의하는 공공선은 아닐지 모른다. 그것은 시민사회가 추구하는 배타적 이익이다.

불평등이나 경제력 집중도 마찬가지이다. 국가는 불평등성장 정책을 통해 경제성장을 달성하고 정권의 업적으로 삼으려 한다. 또 분배는 정부의 재정적 부담을 준다는 이유로 정부가 적극적으로 추진하지 않는 경향이 있다. 아울러 대기업은 경제성장중심 정책의 최대 수혜자이다.

이에 반해 시민사회는 형평과 분배를 요구하지만 정부와 기업은 이러한 요구에 적극적으로 반응하지 않는다. 우리나라나 유럽복지국가에서의 경험을 두고 볼 때 성장과 분배는 국가의 공공선으로 합의되기 어렵다. 다만 시민사회의 강력한 요구로 정부와 기업이 응해야 달성될 수 있다.

시민사회의 적극적인 참여는 민주주의가 심화될 때 가능해진다. 참여민주주의는 시민이 국가의 정책결정과정에 직접 참여하거나 그 과정의 진행을 감시한다. 국가의 관료적 권한을 축소하고 그 공백을 시민의 참여로 보충한다. 아울러 정부와 시장을 비롯한 사회적 기관에 대한 감시활동도 전개한다. 자원의 공정한 분배도 강조한다.

시민사회의 이러한 참여를 통해 바람직한 개혁의 방향이 모색될 수 있고 추진도 손쉬워질 수 있다. 시민사회의 요구가 없이는 경제성장을 위한 국가와 시장 간의 배타적 결탁이 단절되기 어렵다.

또한 시민사회의 참여는 신뢰의 정도를 제고시켜 시장을 투명하게 하고 거래비용을 낮추어 준다. 이것이 바로 사회적 자본의 축적이 경제의 성장으로 연결될 수 있는 원리이다. 또 민주주의가 경제성장에 기여할 수 있는 이유이기도 하다.

그런데 사회적 자본은 불평등한 사회에서는 축적될 수 없다. 사회경제적 불평등이 악화되면 시민들의 박탈감이 심화될 것이고, 심화된 계층갈등으로 인해 신뢰를 주고받을 수 없기 때문이다. 평등한 사회에서 사회적 자본이 축적될 수 있다.

단, 시민사회도 진정한 시민사회가 되기 위해 지켜야 할 조건이 있다. 참여가 자발적이어야 하고 자율성과 상대방에 대한 예의(civility)가 준수되어야 한다(Walzer 1989). 공권력과 가족, 기업과 같은 사적단체로부터 독립적이어야 한다. 이익을 추구하는 집단행동을 하되 국가와 같은 공적 영역을 대체하려 시도하지 말아야 한다. 그리고 법과 제도를 준수해야 한다(Diamond 1996, 228-229).

　결국 불평등을 해결할 수 있는 방안 중 가장 현실적인 것은 시민의 참여를 활성화시키는 것이다. 시민들이 사회적 이익을 추구해야 한다. 어떤 종류의 복지시스템과 분배시스템을 만들 것인지는 추후의 문제이다. 우선은 시민들이 분배와 형평에 관해 목소리를 낼 수 있어야 한다. 그렇지 않으면 과거에 그랬듯이 정부가 자신의 영향력하에 있는 국책연구기관을 동원하여 자신의 이익에 부합하는 방향으로 정책을 입안할 것이다. 시민사회의 요구는 모양 갖추기를 위해 일부 반영되는 데 그칠 것이다.

　이러한 방식으로는 형평과 분배의 문제가 시민의 입장에서 해소될 수 없다. 시민의 요구를 거부하는 것이 수용하는 것보다 비용소모적임을 깨달을 때까지 국가와 자본은 이 문제에 귀를 기울이지 않을 것이다. 유럽에서 절대주의시대의 중상주의가 자유주의로 전환되는 과정을 거쳐 경제가 성장을 거듭했지만 결국 2차대전 이후 왜 복지국가가 등장할 수밖에 없었는지 살펴보아야 한다. 분배와 형평은 시민에 의해 성취되는 것이지 낙수효과에 의해 자연스레 형성되는 것이 아니다.

　한국사회의 양극화 또는 불평등을 해소하기 위해서 좀 더 적극적인 사고와 대안 마련이 필요하다. 그러나 여기에는 전제가 있다. 개혁의 방향은 시민의 자유를 향상시키는 것이어야 한다. 위기를 명분으로 중산시민의 자유를 억압하고 희생을 전가하는 대안은 더 이상 모색되지 말아야 한다. 시민의 자유를 확대하여 정부와 기업을 같은 눈높이에서 대할 수 있도록 해주는 작업이 필요하다. 신자유주의가 밉다고 해서 국가공동체의 공공선을 지나치게 강조하는 것은 과거의 실수를 되풀이하는 그릇된 선택일 수 있다. 시장의 자유보다 시민의 자유에 대해 보다 진지하게 생각해야 할 시점이다.

【참고문헌】

김영순. 1996.『복지국가의 위기와 재편: 영국과 스웨덴의 경험』. 서울: 서울대학교 출판부.

박태균. 1998. "미국의 대한경제부흥정책의 성격."『역사와 현실』27호.

서봉섭. 1997. "한국정부의 민주화와 복지정책의 변화."『한국행정학보』31-1호.

신장섭·장하준. 2004.『주식회사 한국의 구조조정』. 서울: 창비.

양재진. 2011. "구조조정과 사회복지: 발전국가 사회복지 패러다임의 붕괴와 김대중 정부의 과제."『한국정치학회보』35-1호.

유경원. 2012. "가계자산의 양극화 해소방안 연구." 경제인문사회연구회 주최. 국정과제세미나: 한국자본주의 생태계의 새로운 모색. 서울: 포스트타워대회의실. 4월 24-25일.

이연호. 2009a.『발전론』. 서울: 연세대학교 출판부.

______. 2009b. "제도주의 정치경제적 발전국가론과 민주주의."『21세기 정치학회보』19-2호.

이춘우. 2012. "임금격차에 대한 산업생태계 관점에서의 해소방안 연구." 경제인문사회연구회 주최. 국정과제세미나: 한국자본주의 생태계의 새로운 모색. 서울: 포스트타워대회의실. 4월 24-25일.

자유주의경제학연구회. 1994.『시카고학파의 경제학』. 서울: 민음사.

정진아. 2008. "이승만 정권의 자립경제론, 그 지향과 현실."『역사비평』83호.

Block, Fred. 1977. "The Ruling Class Does not Rule." *Socialist Revolution* 7(33).

Bremmer, Ian. 2010. *The End of the Free Market*. New York: Portfolio.

Caporaso, James A., and David P. Levine. 1993. *Theories of Political Economy*. Cambridge: Cambridge University Press.

Diamond, Larry. 1996. "Toward Democratic Consolidation." In L. Diamond ad M.F. Plattner, eds. *The Global Resurgence of Democracy*. Baltimore: Johns Hopkins University Press.

Ekelund, R. B., and R. D. Tollison. 1997. *Politicized Economics*. Texas A&M University Press.

Gillis, M., D. H. Perkins, M. Roemer, and D. R. Snodgrass. 1987. *Economics of Development*. New York: Norton.

Keynes, J. M. 1936. *The General Theory of Employment, Interest and Money*. London: Macmillan.

Koo, Haken. 1984. "The Political Economy of Income Distribution in South Korea." *World Development* 12(10): 1030-1031.

Lee, Yeonho, and Yoojin Lim. 2010. "Governance and Policy Performance in Korea." *Asian Perspective*. 34(3).

List, Friedrich. 1966. *The National System of Political Economy*. 1885 edition, New York: A.M. Kelly.

Marx, Karl. 1990. Ben Fowkes, trans. *Capital*, Vol. 1. New York: Penguin Press.

Samuelson, Paul A., and William D. Nordhaus. 2001. *Economics*, 7th edn. Boston: McGraw-Hill Irwin.

Smith, Adam. 1993. *Wealth of Nations*. Oxford: Oxford University Press.

Sonn, Hochul. 2009. "Modernization and Democracy in South Korea." *Korean Political Science Review*. 43(5).

Walzer, Michael. 1989. "Citizenship." In T. Ball, J. Farr and R.L. Hanson, eds. *Political Innovation and Conceptual Change*. Cambridge: Cambridge University Press.

Weiner. Myron. 1965. "Political Integration and Political Development." *Annals of the American Academy of Political and Social Science* 358(New Nations: The Problem of Political Development).

제5장

글로벌 경제위기와 시대적 과제

김석우 | 서울시립대학교

I. 머리말

세계경제가 요동치고 있다. 위험과 불안이 증가하고 있고, 금융위기와 경제침체 상황이 반복되고 있다. 경제위기의 주기가 짧아지고 있고, 그 영향이 증폭되고 있다. 경제위기가 장기화되는 추세를 보이고 있고, 위기를 극복할 수 있는 수단들이 고갈되고 있다. 더 많은 국가, 더 많은 경제분야, 그리고 더 많은 경제행위자들이 경제위기에 영향을 받고 있다. 경제위기 상황이 장기간 지속되면서 위기를 정말로 극복할 수 있을 것인가, 극복할 수 있다면 그 시기는 언제인가, 그리고 극복하기 위한 국가별 혹은 전세계적 전략과 정책은 무엇인가 등에 관한 의문이 증가하고 있다.

이러한 경제위기 속에서 새 시대를 이끌 새로운 패러다임 모색이 진행되고 있다. 지난 30여 년간 유지되어 왔던 신자유주의 이념과 정책에 대한 반성이 일고 있다.[1) 신자유주의의 핵심 세력에 대한 시민저항과 반대 운동이 전개되고 있다.[2] 새로운 체제가 무엇이 되어야 할 것인가에 대한 논쟁이 활발히 전개되고 있고, 만약 새로운 체제가 자본주의 체제라면 새로운 자본주의 체제는 어떤 모습을 보여야 할 것인가에 대한 제안들이 등장하고 있다. 새로운 자본주의 체제가 미래의 경제위기를 억제 혹은 방지하고, 새로운 성장 동력을 이룰 것인가에 대한 고민들이 있다.

여러 국가들에서 국내적으로 국가의 역할 재정립이 시대적 과제로 떠오르고 있다. 경제위기를 극복하고, 다양한 가치들을 실현하기 위한 국가의 역할이 무엇인가에 대한 논의가 활발히 이루어지고 있다.[3] 국가와 시장 간 새로운 역할 분담에 대한 고민이 깊어지고 있다. 또한 기업의 사회적 책임성 강화와 국가와의 협력 체제 구축 등에 대한 논의도 활발히 진행되고 있다. 성장과 안정, 평등과 효율, 성장과 복지, 개방과 독립 등 상반된 가치들 중 무엇이 우선 순위가 되어야 하고, 이들 경쟁 가치들을 어떻게 조화롭게 달성할 수 있을 것인가에 대한 논의가 활발히 진행되고 있다. 이러한 과정에서 국가는 다른 행위자들과의 관계 속에서 어떻게 행동해야 하는가에 대한 논쟁도 다양하게 전개되고 있다. 새로운 자본주의 체제 내에서 국가와 시장의 역할과 책임은 어떻게 규정되어야 하는가 등에 관한 논의도 활발히 일어나고 있다.[4]

한국 내에서도 새로운 자본주의 패러다임에 대한 논의가 활발히 전개되고 있다. 신자유주의 바람으로 인해 한국경제가 크게 변화해 왔던 지난 20

---

1) 자본주의 패러다임의 변화 과정과 특징을 위해서는 칼레츠키(2010) 참조.

2) 2011년 9월 17일 '월가 점령 시위(Occupy Wall Street Movement)'가 시작되었고, 2011년 10월 15일을 '국제행동의 날'로 정하면서 월가 점령 시위는 다른 국가들로 급속히 확산되는 모습을 보였다. 금융위기로 인한 소득 양극화와 금융 기관들의 도덕적 해이가 시위를 촉발했지만, 근본적으로는 신자유주의 이념과 사상에 대한 저항과 반대의 성격을 띠고 있다.

3) 국가가 무엇을 할 수 있고, 무엇을 해야만 하는가, 그리고 국가의 시장 개입 수준이 어떤 결과를 초래할 수 있는가 등에 관한 논의를 위해서는 브레머(2010) 참조.

4) 김미경(2012)은 자본주의의 진화와 다양성, 그리고 시장과 정치 간의 관계 등에 관한 관심을 중점으로 칼레츠키과 브레머의 주장과 설명을 비판적으로 비교하고 있다.

여 년간 한국경제는 양극화와 경제위기에의 과대 노출이라는 문제로 시달려 왔다. 부자와 빈자 간의 소득격차의 확대, 대기업과 중소기업들 간 격차의 확대와 중소기업들의 종속화, 도시와 지방 간 경제 격차의 확대, 첨단 산업과 1차 산업 간 경제실적과 전망의 격차 확대 등 다양한 형태의 양극화가 진행되어 왔다. 이로 인하여 다양한 경제주체들 간의 불신과 대립이 확대되었고, 사회불안과 정치적 갈등이 증폭되었다. 양극화는 성장 동력의 약화와 구매력의 축소 등의 현상을 발생시켰다.

또한 지난 20여 년간 한국경제가 급속도로 개방화되면서 해외경제에 대한 한국경제의 취약성이 증폭되었다. 다자간 무역제도와 지역적 자유무역협상들을 통한 무역자유화, 금융자본시장의 개방, 해외투자 유치 확대 등을 통하여 한국경제는 세계경제와 더욱 통합되는 현상을 보였다. 이로 인하여 해외경제의 불안과 변화가 한국경제에 끼치는 영향이 증폭되었다. 해외경제 부문에 대한 한국 정부의 통제 능력이 매우 제한적인 점을 고려할 때 이는 한국경제의 위험성과 불안정을 증폭시키는 결과를 초래하였다. 이러한 시대적 배경 속에서 경제민주화와 경제불평등 해소, 그리고 이를 통한 사회통합 성취가 시대적 과제로 자리매김하고 있다. 또한 내수시장의 확대와 상대적 대외의존도의 축소를 통하여 한국경제의 독립성과 자율성을 높여야 하는 것 역시 시대적 과제로 떠오르고 있다.

이러한 시대적 상황과 과제에도 불구하고 사회적 정치적 합의는 잘 이루어지고 있지 않다. 경제민주화와 경제불평등 축소, 양극화 해소, 그리고 한국경제의 독립성 제고 등에 대한 일반적 합의는 도출되었지만, 이를 위한 방법과 정책, 그리고 우선 순위에 대한 갈등은 여전히 크다. 정부, 기업, 이익단체, 일반 시민 등 주요 정치경제 행위자들 간의 갈등 그리고 이념적 대립과 논쟁이 격화되고 있다. 특히 이러한 현상은 양대 선거를 치르는 현실에서 더욱 두드러지게 나타나고 있다. 한편으로는 문제가 무엇인가에 대한 합의는 이루어지고 있지만, 또 다른 한편으로는 무엇을 어떻게 할 것인가에 관한 합의는 이루어지고 있지 않은 것이다.

예상과는 다르게 새누리당이 19대 총선에서 승리하면서 정당 간 갈등과 대립은 더욱 증폭되어 왔다. 19대 총선의 결과를 대선까지 이어가려는 새누리당과 대선에서만큼은 반드시 승리하려는 야당 세력들 간의 첨예한 대립이 지속될 것이다. 이러한 과정 속에서 정책과 이념의 대립과 경쟁 역시 매우 치열하게 전개될 것으로 판단할 수 있다. 대선 승리를 위하여 여야 모두 선심성 정책을 내놓을 것으로 예상된다. 불평등 해소, 복지 혜택 확대, 사회 취약 계층 보호, 동반 성장 등의 명분으로 다양한 정책을 쏟아낼 것이다. 다만 이러한 정책 공약과 대선 후 집행이 과연 한국경제와 사회에 어떤 긍정적 혹은 부정적 영향을 끼칠 것인가는 명확하지 않다. 대선 승리가 주 목적인 정당의 입장에서 대선 후 전개될 '먼 미래' 상황은 별 관심이 없을 것이다.

따라서 한국경제와 정치가 처한 시대적 상황과 과제 속에서 국가가 무엇을 해야 하고 할 수 있는 것인가에 대한 논의는 매우 중요하다고 할 수 있다.[5] 이러한 시대적 환경 속에서 시대적 과제를 잘 해결할 가능성이 높은 후보자가 대통령에 당선될 가능성이 크다. 다만 단기적 과제와 장기적 과제의 균형, 기존 문제 해결과 새로운 문제 발생 방지 간의 근본적 모순의 해결, 새로운 시장의 개척과 국가 경제 독립성의 제고 간의 상충적 가치의 조화로운 달성 등 지도자들이 해결해야 할 다양한 과제들이 등장하고 있는 것이다. 따라서 어떤 후보가 어떤 비전을 제시하여 국민들의 관심과 지지를 확보할 것인가가 앞으로 중요한 문제로 등장할 것이다. 특히 과거 대통령들에 대한 지지하락이 대부분 경제 침체와 하락과 밀접한 관계가 있다는 점을 고려할 때, 경제위기를 해소하고 새로운 경제성장 비전을 제시할 수 있는 후보자를 선택할 가능성이 큰 것이다.

이 글은 경제위기의 정치경제학이라는 측면에서 과거의 경제위기를 분석하고, 이러한 경제위기 상황 속에서 한국경제가 직면한 문제들을 분석하며, 현재 한국이 처하고 있는 세계경제위기 상황 속에서의 문제들을 어떻게 극

---

5) 경제위기 시 이익집단의 요구와 선거 행태와의 관계에 관한 논의를 위해서는 키퍼 (Keefer 2007) 참조.

복할 수 있는가에 대한 논의를 목적으로 하고 있다. 즉 한국이 처한 경제위기라는 환경 속에서 어떤 시대적 과제들이 존재하고 이를 어떻게 극복할 수 있을 것인가에 대한 논의를 하는 것이다. 이러한 논의를 위해서는 과거에 대한 분석이 기초가 되어야 할 것이다. 이 글은 다음과 같이 구성되어 있다. 다음 절에서는 경제위기의 정치경제학이라는 측면에서 과거 경제위기들의 내용과 원인을 분석할 것이다. 3절에서는 한국이 민주화된 1987년부터 현재까지 한국경제가 어떤 모습으로 변화해 왔는가를 몇 가지 지표를 통하여 분석할 것이다. 마지막 절에서는 양대 선거를 치르고 있는 한국 정부, 그리고 내년에 등장할 새로운 정부가 한국경제와 정치의 안정과 발전을 위하여 어떤 역할을 담당할 수 있고, 담당해야 하는가에 관한 논의를 할 것이다.

II. 경제위기의 원인과 결과

경제위기의 원인은 다양하다. 국내적 요인과 국제적 요인이 존재하고, 경제행위자들의 특정 행위도 한 요인으로 작동하기도 한다. 수요와 공급 간 불균형으로 인하여 경제위기가 발생하기도 하고, 투자 축소로 인하여 경제위기가 발생하기도 한다. 다양한 원인들이 존재하지만 그 양태는 비슷하게 나타난다. 다양한 요인에 의하여 시장에 충격이 발생하여 시장이 왜곡되고 불균형 상태에 놓이게 된다. 새로운 경제기회의 발생으로 인하여 과도투자 현상이 발생하고, 일부 경제부문에서 거품이 발생한다. 과도투자가 발생하고 경제가 과열현상을 보인다. 결국 거품이 붕괴되고 금융경제위기가 발생하는 것이다.[6]

---

6) 충격-기회 창출-과잉 투자-거품 형성-인식 변화-거품 붕괴-위기 확산 등의 일반적 경제

경제위기가 발생하면 성장률이 둔화되고, 주식시장이 폭락하는 현상을 보이며, 국가들이 자국 시장을 보호하기 위하여 보호무역 정책을 택하고 환율 개입을 시도한다. 실업이 증가하고, 새로운 산업의 등장이 더뎌진다. 사회적 갈등이 증폭되고, 정치적 혼란이 발생한다. 경제정치 행위자들 간 해법을 놓고 경쟁이 가열되고, 선거가 치열해진다. 경제위기는 이러한 공통점을 가지고 있는 것이다.

1920년대 말부터 발생한 대공황이라는 경제위기는 미국의 대내외적 정치·경제적 요인들에 근거하고 있다. 미국이 유럽에 대한 투자를 줄이고 미국으로 투자를 전환하면서 주가의 상승과 거품 축적이라는 현상이 발생하였다. 그러나 1929년부터 발생한 통화량 감소와 소비-투자의 감소로 인하여 거품이 꺼지면서 극심한 경제침체 현상인 대공황이 발생한 것이다. 미국의 소극적 역할도 대공황에 기여를 하였다. 영국의 패권이 쇠퇴하고 미국의 권력이 상승하면서 미국의 적극적 역할이 기대되었다. 하지만 미국은 고립주의 사상의 영향과 의지 부족으로 인하여 국제정치경제에서 리더로서의 역할을 담당하지 못한 것이다.[7]

대공황의 부정적 영향은 막대했다. 미국 경제는 경제침체와 고실업에 시달리게 되었다. 부정적 영향은 유럽 경제에 파급되어 유럽 전체를 경제침체의 늪으로 빠뜨렸다. 금본위제가 붕괴되었고, 주요 국가들은 환율조작을 통하여 자국의 경제를 보호하려는 정책을 채택하였다. 국가들의 보호무역 정책이 확대 심화되었고, 국가 간 경제정책을 두고 경쟁과 대립이 치열해졌다. 자유민주주의 이념에 대한 신뢰가 약화되었고, 파시즘과 나치즘, 그리고 국가독점자본주의 등 새로운 극단적 정치경제 이념들이 등장하였다. 결국 국가들의 극심한 경제적 대립은 제2차 세계대전을 발발시키는 하나의 요인으로 작동하였다. 경제이념에서의 변화도 제기되었다. 자유시장에 대한 회의가 확산되었고, 뉴딜정책과 케인즈주의 이념의 확대와 정책화라는 결과를

위기 발생 과정에 관해서는 길핀(2000, 2001) 참조.
7) 대공황에 관한 것은 Wikipedia 내용 참조.

초래하였다. 국가에 의한 유효수요의 창출, 완전 고용의 달성, 그리고 관리 통화제도를 핵심으로 하는 케인즈 정책이 많은 국가들에서 채택되기 시작하였다. 복지정책과 경제 부활이라는 사안에서 국가의 역할이 강화되고, 국가가 적극적으로 시장에 개입하는 정책들이 채택되게 되었다. 역설적으로 미국은 대공황의 진원지였지만, 이 사건을 통하여 국제사회에서 패권국으로 등장하게 된다. 세계경제를 이끌어갈 의지와 능력을 모두 보유한 패권국의 출현이 이루어진 것이다.

1980년대 초에 발생한 채무위기와 이로 인한 경제위기의 원인도 다양하다. 1970년대 국제정치경제에서 발생한 몇몇 연관된 주요 사건과 정책들로 인하여 위기가 발생하였다. 우선 석유파동을 들 수 있다. 1973년과 1978년에 발생한 1차, 2차 석유파동으로 인하여 석유 수입을 하는 많은 국가들의 국제수지는 극도로 악화된다. 국제수지를 개선할 수 있는 주요 방법은 수출뿐이었다. 그러나 1970년대의 경제 혼란 속에서 주요 국가들은 자국의 시장을 보호하기 위한 신보호무역 정책을 채택한다. 석유를 수입하는 저발전 국가들로부터의 수출은 감소하게 된 것이다. 석유파동으로 인한 국내외적 극심한 인플레이션 상황에 대처하기 위하여 주요 국가들은 이자율 상승 정책을 채택하게 된다. 이는 기존에 채무를 많이 지고 있었던 국가들에게 이자율 상승 부담을 지워주게 되고, 결국은 경제상황을 더욱 악화시키는 요인으로 작동하게 된다. 즉, 1980년대의 경제위기 상황은 석유파동, 이자율 상승, 신보호주의 상승이 상호 연계하여 발생하였다.[8]

1980년대 초에 발생한 경제위기는 여러 흥미로운 결과를 초래하였다. 우선 석유를 수출하는 국가들의 경제적, 정치적 부상을 지적할 수 있다. 석유 자원을 무기화하여 막대한 경제적 이익을 얻은 중동의 석유 수출 국가들이 국제정치적으로도 의미 있는 행위자로 등장하게 되었고, 중동에 대한 국제적 관심과 이해도 크게 제고되었다. 둘째는 새로운 경제 패러다임의 등장을

---

8) 1980년대 초 채무위기와 경제위기 발발 원인과 과정에 대한 자세한 설명을 위해서는 김석우(2011) 참조.

들 수 있다. 극심한 경제 침체와 위기는 과거의 복지국가 체제를 전환하고 국가의 역할을 변화시키는 방향으로의 새로운 패러다임의 출현에 좋은 환경을 제공한 것이다. 유가 상승으로 인하여 재정압박에 시달리는 국가들이 더 이상 복지국가 체제를 유지하기 어려운 국면에 처한 것이다. 따라서 미국과 영국의 리더십과 인식론적 공동체(epistemic community)의 적극적 역할을 바탕으로 신자유주의 이념과 정책이 채택되기 시작한 것이다. 이는 세계 경제의 지구화(globalization)라는 새로운 현상을 만들어 냈다. 자유무역, 금융자유화, 해외투자 자유화, 기술-통신-운송에서의 혁신 등을 바탕으로 하는 새로운 경제 체제와 정책이 등장하게 되었다.

1997년에 발생한 아시아 경제위기의 원인은 내인론과 외인론으로 구분되어 설명된다. 내인론은 경제위기의 원인을 경제위기를 겪었던 국가들의 내부 요인들에 돌리는 설명이다. 국내경제에서의 과잉투자와 거품 발생, 금융기관들의 도덕적 해이(moral hazard), 국가와 산업 간 유착관계, 생산력 저하 등이 주요 국내 요인들로 지적된다. 또한 한국 기업 문화와 관련된 부정적 측면들이 한국경제위기와 성장 저해의 주요 원인이라고 지적되고 있다. 예를 들면, 독특한 지배구조, 관계 중심의 사업 모델, 정부의 대기업 지원, 낮은 수준의 기업 윤리, 기업 부패, 폐쇄적 생산 시스템, 그리고 약한 법체제 등이 지적되고 있다.[9] 반면에 외인론은 국가들이 통제하기 어려웠던 국제적 요인들이 경제위기를 촉발했다는 주장이다. 투기자본의 단기적 이동, 국제시장의 침체와 보호무역 형태, 전염 효과 혹은 도미노 현상(contagion effect or domino effect) 등이 주요 원인으로 지적된다.[10] 특히 은행들 간 치열한 경쟁, 그로 인한 위험한 투자, 투자자금의 대량 회수 행위 등이 아시아 금융위기를 촉발시킨 원인으로도 지적되고 있다.[11]

---

9) 루트(Root 2001)는 이러한 독특한 아시아식 기업 문화를 개선하기 위해서는 경제개혁뿐만 아니라, 정치적 사회적 변화와 개혁이 필요하다고 주장하였다.

10) 한국과 동아시아 경제위기의 발발 원인에 관하여 국가 내부적 요인과 국제적 요인들이 혼합되어 경제위기를 야기시켰다는 주장을 위해서는 김왕식(1998)과 안승국(2002) 참조.

1997년의 경제위기는 아시아식 국가 자본주의와 아시아 가치(Asian value)에 대한 재고찰이라는 이념적 논쟁을 야기했다. 빠른 아시아 경제성장을 이끌었던 아시아식 경제운영 방식과 아시아 가치가 그 효용을 다했다는 비판들이 많이 제기되었다. 국제통화기금(IMF: International Monetary Fund)이 강제한 구제금융 조건을 수용하여 한국을 비롯한 많은 아시아 국가들이 자유화, 구조조정, 사유화라는 정책을 대폭 수용하게 되는 결과를 초래하였다. 신자유주의 이념과 정책이 아시아에 정착되는 계기를 맞게 된 것이다. 이는 1990년대에 다시 부활하기 시작한 미국 경제와 더불어 상대적으로 아시아의 힘과 체제가 약화되는 현상을 초래하였다.[12]

2008년 발생한 미국발 경제위기는 미국 부동산 시장에 쌓였던 거품 붕괴, 서브프라임(subprime) 주택대출과 관련된 도덕적 해이, 금융 공학의 발달로 인한 파생금융상품의 급격한 확대, 금융 당국의 관리와 감시 소홀 등 다양한 원인들이 복합적으로 작동하여 발생하였다. 2008년 발생한 경제위기는 경제위기의 전형적 모습을 드러낸 유형이라고 할 수 있다. 1990년대부터 시작된 미국 주택시장에서의 가격 상승은 소비자들과 금융권의 기대심리를 상승시켰고, 이에 따라서 주택시장에 거품이 발생하였다. 과잉투자와 위험투자가 이어졌고, 결국은 거품이 붕괴되면서 경제위기가 발생한 것이다. 또한 1990년대 이후 급속히 발달한 금융관련 기술과 기제들이 금융거래를 급속히 확산시켰고, 금융당국의 감시와 제제를 벗어난 형태의 금융 거래들이 막대하게 이루어지면서 경제위기의 규모를 크게 만들었다.

미국발 경제위기는 몇 가지의 결과를 초래하였다. 첫째, 1980년대부터 도입된 미국식 신자유주의 자본주의에 대한 회의가 발생하였다. 1990년대 고속 성장을 보이면서 크게 확산된 신자유주의 체제에 대한 근본적 문제들이 제기되면서 대안 체제 혹은 포스트 신자유주의 체제를 구상하려는 주장들이

---

11) 베일리 등(Baily et al. 2000)은 헤지펀드보다 은행들의 대출 행태가 아시아 경제위기를 촉발시키는 데 더 큰 원인을 제공했다고 주장하고 있다.

12) 1997년 경제위기 시 한국이 처한 환경과 구조적 한계, 그리고 IMF와의 협상 과정 등에 관한 자세한 논의를 위해서는 김석우·모종린(2007) 참조.

제기되었다.

둘째, 이와 연관하여 국가의 역할이 급속도로 커졌다. 경제위기 탈출과 단기간에 걸친 경제성장을 위하여 막대한 구제금융이 이루어졌고, 사기업이 국유화되었으며, 복지지출이 큰 규모로 확대되었다. 국가가 시장에 깊숙이 개입하는 모습을 보이게 된 것이다. 문제는 막대한 재정지출을 감당해야 하는 정책들이었기 때문에 국가재정은 더욱 악화되는 모습을 보였고, 유럽발 재정위기의 단초를 제공하게 된 것이다.[13]

셋째, 미국의 패권이 상대적으로 약화되면서 아시아가 다시 한번 주목받게 되는 현상이 발생하였다.[14] 특히 막대한 재정지출을 감내할 수 있었던 중국이 세계경제의 최악 상황을 막아주면서 G2로 부상할 수 있는 계기가 형성된 것이다. 상대적으로 국제금융 체제로부터 독립성을 유지하고 있었던 중국은 큰 경제영향을 받지 않았다. 그리고 중국은 가장 빠른 경제성장률을 유지하고 있고, 가장 막대한 외환을 보유하고 있기도 하다. 또한 미국의 패권 약화는 미국으로 하여금 국내 문제에 치중하게 하는 결과를 초래하였고, 이로 인하여 국제적 리더십 발휘를 제한하는 결과도 초래하였다. 따라서 국제 체제에서의 공조는 상당히 약화되었다고 할 수 있다.[15]

넷째, 국제제도에서의 신흥국가들의 역할이 강화되었다. G20의 역할이 강화되었고, IMF의 개혁과 관련된 신흥국가들의 목소리가 커졌다. 특히 이들 국가들의 경제발전 모델이 영미식 모델과 다르다는 점을 고려할 때, 신자유주의에 대한 비판과 더불어서 국가의 역할을 강조하는 새로운 패러다임이 등장하였다.[16]

---

13) 미국발 경제위기의 여파로 발생한 그리스 재정위기와 유로의 문제에 관한 자세한 논의를 위해서는 이승주(2011) 참조.

14) 브라운(Brown 2009)은 미국패권의 약화에서 특히 '연성권력(soft power)'의 약화를 두드러진 특징으로 지적하고 있다. 즉 2008년 이후 경제위기가 미국 때문에 발발했고, 따라서 미국 시스템과 제도에 대한 다른 국가들의 신뢰가 상실되었다는 것이다.

15) 버그스텐(Bergsten 2009)은 미국이 달러의 역할을 줄이고, 재정적자와 경상수지 적자를 줄이며, 보호주의 압력을 억제해야 한다고 제안하였다.

16) 이왕휘(2012)는 2008년 미국발 경제위기가 국제정치경제학의 주류를 이루었던 신고

마지막으로 이런 모든 요인들이 복합적으로 작용하여 지정학적 불안정성이 증가했다. 실업 문제가 급속히 등장하였고, 빈곤의 문제가 확대되었다. 이로 인하여 사회적 불안정과 내전을 포함한 전쟁 위험성이 제고된 것이다. 이를 통제하고 관리할 수 있는 국제 리더십의 약화가 문제를 더욱 악화시키고 있다고 할 수 있다.[17]

이렇듯이 과거의 경제위기는 국제체제를 변화시키는 역할을 담당하였다. 또한 이념적 논쟁을 촉발시키고, 새로운 패러다임을 창출하는 효과도 있었다. 경제위기가 국가 간 힘의 균형을 재편하고, 새로운 경제모델을 찾는 동인을 제공한 것이다.

한국 정부와 시민은 과거 경제위기에 대응하기 위하여 여러 정책을 채택하였고, 그 결과는 다양하게 나타났다. 1980년대 초에 발생한 채무 경제위기, 그리고 그 이후 본격적으로 등장한 신자유주의 이념은 한국경제와 정치에 큰 변화를 일으켰다. 우선 많은 저발전국가들이 경제 침체를 겪는 상황 속에서, 상대적으로 빠른 산업화와 수출경쟁력 강화를 달성하고 있었던 한국은 세계시장의 적극적 공략을 통하여 빠른 경제 성장을 보이는 기회를 맞게 되었다. 1980년대 중반부터 한국의 대외수출은 큰 폭으로 증가하였고, 무역수지 역시 흑자로 돌아서는 계기를 갖게 되었다. 또한 다양한 경제 개방화와 더불어서 민주화에 대한 요구가 매우 거세지는 현상을 보였고, 결국 1980년대 후반 한국정치는 민주화되었다. 따라서 전체적으로 볼 때, 채무 경제위기를 잘 이겨냈던 한국이 경제적으로 정치적으로 크게 성장하는 계기가 된 것이다.

1997년 아시아발 금융경제위기는 한국에 몇 가지 결과를 초래했다. IMF

전파 경제학을 재고할 수 있는 기회를 제공하고 있다고 주장하고 있다. 또한 정책적 측면과 방법론적 측면에서도 신자유주의의 탈피와 방법론적 다원주의의 채택이 필요하다고 주장하고 있다.

17) 알트만(Altman 2009)은 미국발 금융위기 이후에 나타난 현상으로 자유방임 경제의 종식, 세계화의 후퇴, 국제지도역의 축소와 국제공조의 제한, 그리고 지정학적 불안정의 증가 등을 설명하고 있다.

와의 구제금융 협상을 통하여 한국이 개방화, 사유화, 구조조정을 받아들이는 결과가 발생하였다. 시장경제에서의 한국 정부 역할을 축소시키는 방향으로 정책이 채택되었고, 시장 개방화가 빠르게 진행되었다. 본격적으로 신자유주의 이념과 정책을 받아들이는 결과를 초래한 것이다. 정부와 기업 간 유착관계가 약화되는 기회도 만들어졌다. 금융기관들에 대한 감독이 강화되었고, 경제투명성 제고를 위한 노력들이 강구되었다. 부정적인 경제적 결과도 나타났다. 실업률이 급격히 증가하여, 청년실업 문제와 구조조정이 큰 사회적 정치적 문제로 등장하였다. 개방화로 인하여 한국경제의 세계경제 동조화 현상이 두드러지게 나타났고, 한국경제의 대외경제 취약성이 크게 증가하였다. 정치적으로는 수평적 정권교체가 이루어졌다. 다소 좌파적 성격을 가진 김대중 정부가 출범하였다. 그러나 김대중 정부가 가졌던 좌파적

<표 1> 경제위기의 원인, 결과, 그리고 한국

경제위기	원인	결과	한국
대공황 (1930년대)	과잉투자와 거품 통화량 감소 생산 위축 등	금본위제의 붕괴 미국 패권 부상 케인즈주의	-
채무위기 (1980년대)	석유파동 신보호주의 이자율 상승 등	중동 세력 부상 복지국가 체제의 붕괴 신자유주의 채택	개방화 확대 민주주의화 경제적 부상
아시아발 경제위기 (1997년대 말)	단기 자본이동 도덕적 해이 경경유착 등	아시아 자본주의 쇠퇴 신자유주의 확산 미국 패권 강화	개방화와 사유화 확대 구조조정과 실업 고착화 수평적 정권교체
미국발 경제위기 (2008~)	부동산 시장의 거품 도덕적 해이 금융 공학의 발달 금융감독 소홀	미국 패권 약화 신자유주의 이념의 쇠퇴 재정위기 확산 중국의 부상	경제민주화, 양극화 해소 등 새로운 시대적 과제 등장 정권 교체

성향에도 불구하고, 경제위기 상황과 국제경제기구들의 압박 속에서 김대중 정부가 할 수 있는 경제정책은 한계를 보였다.[18]

2008년 미국발 경제위기는 한국의 대외경제 취약성을 다시 한번 확인해 주는 사건이었다. 원화가 크게 약화되고, 수출이 감소하고, 한국경제의 세계경제 동조화가 더욱 명확히 드러났다. 청년 실업과 구조조정 문제가 더욱 큰 사회 문제로 부각되었다. 신자유주의 이념과 정책에 대한 저항과 새로운 이념 모색이 등장하였다. 양극화 해소, 기업의 사회적 책임성 증가, 동반 성장, 경제민주화 등을 핵심 내용으로 하는 새로운 체제에 대한 요구가 크게 증가하였다. 경제위기의 주 원인을 제공했다고 할 수는 없지만 이명박 정부는 정권 내내 저성장, 청년실업, 양극화의 문제를 안고 있었고, 좀처럼 정부 지지가 높아지지 않은 결과를 초래하였다.

위에서 논의한 지난 경제위기의 원인, 결과, 그리고 한국에서 나타난 현상들은 〈표 1〉로 정리될 수 있다.

III. 경제위기와 한국

이 절에서는 민주화 이후 한국경제·사회지표들이 어떻게 나타났는가를 살펴볼 것이다. 특히 민주화 이후 발생한 1997년 아시아발 경제위기와 2008년 미국발 경제위기 이후 한국경제·사회에 어떤 변화들이 있었는가를 분석함으로써, 현재 경제위기를 겪고 있는 한국 정부와 사회가 앞으로 어떤 정책과 전략을 채택하여 시대적 과제를 해소할 수 있을 것인가에 대한 시사

---

18) 이상환(2002)은 아시아발 경제위기 이후 한국과 말레이시아가 위기에 대처하기 위하여 택한 조치들을 비교 분석하고 있다. 특히 이상환은 국내적 정책과 지역적 정책을 구분하여 독립적 대응과 공동 대응 전략 측면에서 국가들의 정책을 비교 분석하고 있다.

<그림 1> 연도별 경제성장률 변화

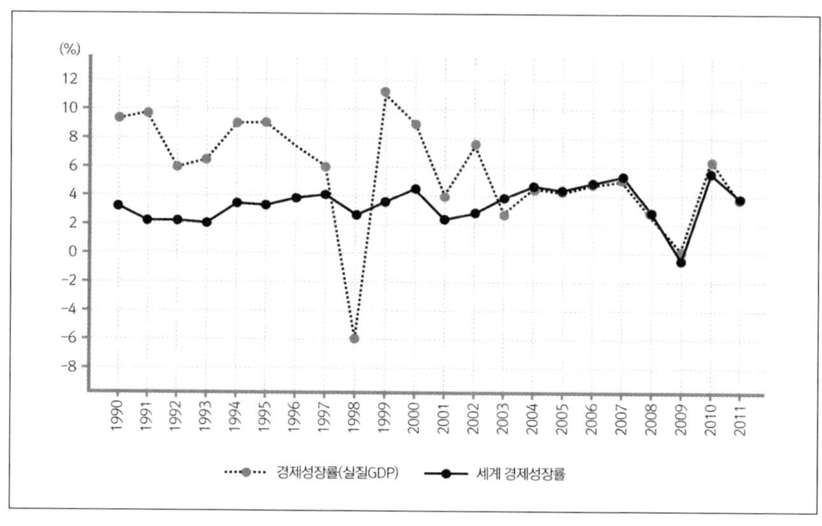

점을 얻으려고 한다.

〈그림 1〉은 연도별 한국의 경제성장률과 세계 경제성장률을 비교한 그림이다. 위 그림은 몇 가지 흥미로운 점을 시사하고 있다. 우선 경제위기 시에 한국의 경제성장률이 큰 폭으로 하락했다는 점이다. 1997년과 1998년, 그리고 2008년과 2009년에 한국 경제성장률은 큰 폭으로 떨어졌다. 또한 1997년 아시아발 경제위기 전까지 한국경제는 세계경제보다 훨씬 빠르게 성장하였다는 점이다. 고속 성장의 신화가 이어졌던 시기이다.

그러나 1997년 경제위기로 인하여 경제가 급속히 하락하는 모습을 보여 세계 경제성장률보다 훨씬 못 미치는 경제 상황을 보였지만 곧바로 경제회복이 되어 몇 년간 경제가 요동치는 모습을 보였다. 또 하나의 흥미로운 사실은 대략 2003년부터 한국 경제성장률은 세계 경제성장률과 매우 유사한 유형을 보인다는 점이다. 한국경제가 개방화와 대외 의존성 상승으로 인하여 세계 경제와 동조화 현상을 보이고 있다는 점이다. 이는 한국경제가 국제시장의 변동에 단기적으로 더 민감하게 반응할 수밖에 없고, 또한 중장

기적으로도 취약성이 증가함을 의미하는 것이다.[19]

　이 시기에 한국은 더 이상 고속 성장 국가가 아님을 보여주고 있다. 선진국 반열에 동참하게 된 한국경제가 고성장을 이루기는 점점 어려워지고 있다는 점을 시사하고 있다. 또한 이는 성장 동력이 약화되었다는 점을 시사하는 것이고, 또한 그만큼 경제침체와 위기에 대응할 수 있는 정부의 대처능력이 약화되었음을 시사하는 것이기도 하다.

　〈그림 2〉는 지난 20년간 한국의 소득불균형을 보여주는 지니계수 변화에 관한 그림이다. 이 그림에 의하면 지니계수는 지난 20년간 대체로 상승하는 모습을 보이고 있다. 즉 소득양극화가 악화되고 있다는 것이다. 이 그림에서 흥미로운 점은 경제위기 시에 지니계수가 상승하고 경제위기가 완화되면 지니계수도 다소 하락하였다는 점이다. 1997년 아시아발 경제위기 직후 지니계수는 큰 폭으로 상승하였고, 또한 2008년 미국발 경제위기 직후에도 다소 상승하는 모습을 보이고 있다. 이는 경제위기가 소득양극화를 악화시

〈그림 2〉 연도별 지니계수 변화

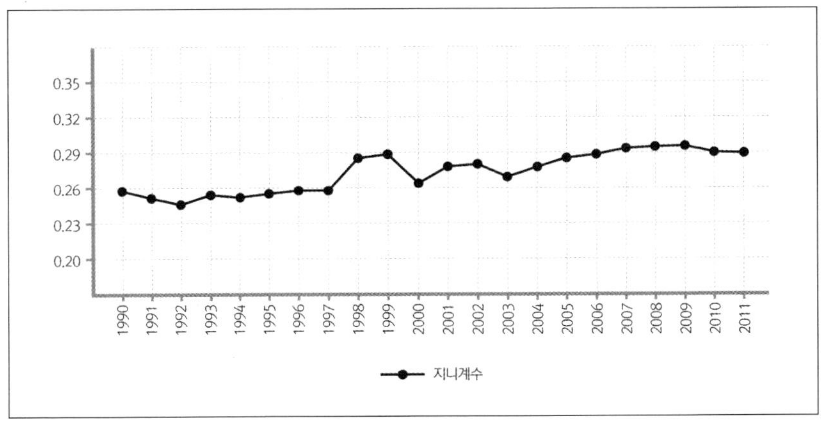

---

19) 민감성과 취약성에 관한 개념과 그 논의를 위해서는 코헤인과 나이(Keohane and Nye. 1977) 참조.

키는 요인으로 작동하고 있음을 시사하는 것이다. 즉, 경제위기는 취약한 경제사회 계층에 더 큰 소득감소라는 악영향을 끼치고, 취약 계층의 실업을 증가시킴으로 인하여 소득불균형을 악화시킨다는 점이다. 경제위기가 소득 양극화를 악화시킴으로 인해서 사회갈등과 정치대립을 증폭시키고, 따라서 소득양극화를 해소하라는 국가역할에 대한 사회적 정치적 압력이 점차 증가함을 시사하는 것이다.

다음의 〈그림 3〉은 국가의 사회복지 지출에 관한 그림이다. 이 그림은 1990년 이후 한국의 사회복지 지출 비율이 꾸준히 상승했음을 보여주고 있다. 이는 적어도 두 가지를 의미하는 것이다. 하나는 정부능력의 향상이다. 즉, 한국경제·사회가 선진국 경제·사회로 진입하면서 복지지출 증가를 할 수 있는 정부의 능력이 향상되었다는 점이다. 저출산, 고령화 사회, 기타 새로운 복지 수요 증가 등에 부합할 수 있는 정부 능력이 향상되었다는 점이다.

다른 한 가지는, 복지 지출에 대한 수요와 요구가 상승하였다는 점이다. 경제의 세계화로 인해 발생한 소득양극화와 실업의 증가, 취약 계층의 증가 등으로 인하여 정부 복지지출을 늘리라는 요구가 증가한 것이다. 경제위기

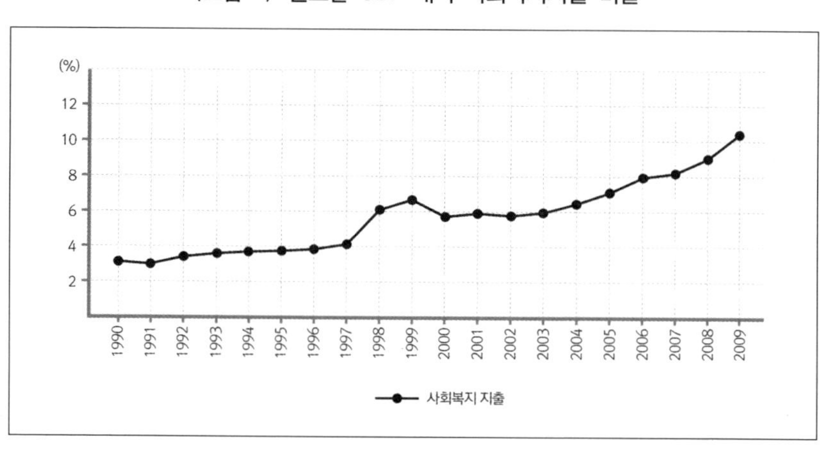

〈그림 3〉 연도별 GDP 대비 사회복지지출 비율

와 관련하여 이 그림이 나타내고 있는 하나의 사실은 경제위기 시에 복지지출이 크게 증가하였다는 것이다. 1997년 아시아발 경제위기 이후 사회복지 지출 비율이 크게 증가하였고, 또한 2008년 미국발 경제위기 이후에도 사회복지 지출 비율이 크게 증가하는 모습을 보이고 있다. 즉, 정부가 경제위기가 초래한 부정적 상황에 대처하기 위하여 복지지출을 크게 증가시켰다는 점을 보여주고 있는 것이다.

다음의 〈그림 4〉는 한국 정부의 국가채무를 나타내는 그림이다. 이 그림은 우선 한국의 GDP 대비 국가채무 비율이 지속적으로 증가했음을 보여주고 있다. 1997년 GDP 대비 12% 정도였던 국가채무 비율이 2011년에는 35% 수준으로 증가하였다. 이는 정부 재정압박이 상당히 커졌음을 의미하는 것이고, 정부가 앞으로 정부지출 확대를 통하여 경제위기를 해결할 수 있는 능력이 많이 제한되고 있다는 점을 의미하는 것이다. 이 그림은 경제위기 시에 국가채무가 큰 폭으로 증가함을 보여주고 있다. 1998년, 1999년, 그리고 2009년에 국가채무가 큰 폭으로 증가하였다. 경제위기를 겪었을 때 정부가 채무 증가를 통하여 경제위기를 해소하려는 노력을 강구했음을 보여

〈그림 4〉 연도별 GDP 대비 국가채무 비율

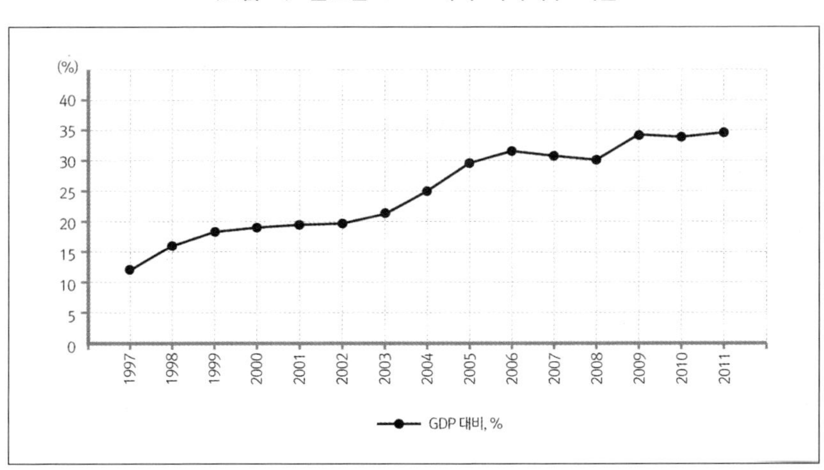

<그림 5> 연도별 GDP 대비 수출입 비율

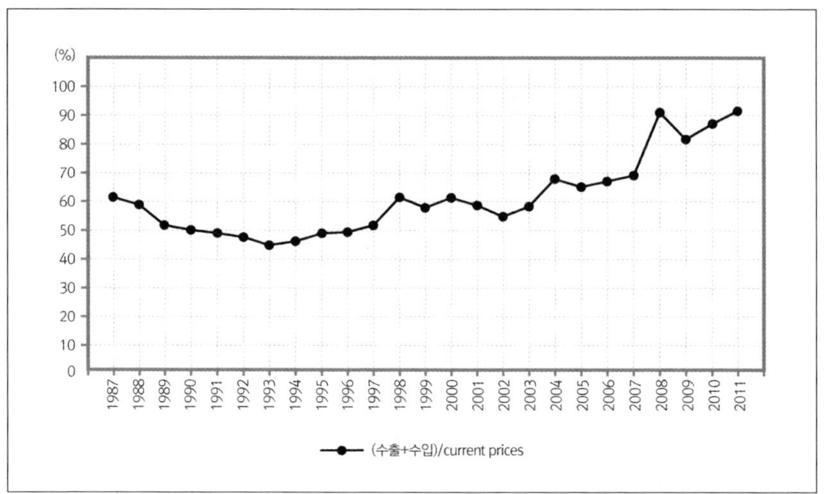

주고 있다.

마지막으로 <그림 5>는 GDP 대비 수출입 비율을 보여주는 자료이다. 위 그림은 한국의 GDP 대비 수출입 금액을 나타낸 것이다. 이 그림에 의하면 한국의 대외수출입 비중은 1990년대 이후 꾸준히 증가하고 있는 것으로 보인다. 다만 경제위기 시에는 다소 하락하는 측면을 보였다. 이는 경제위기를 극복할 수 있는 하나의 방안인 대외수출 증가를 통한 외환 확보가 매우 제한적일 수밖에 없음을 시사하는 것이다. 그리고 이 그림은 한국의 대외의존도가 증가하면서 한국경제의 독립성과 자율성이 약화되고 대외경제 취약성이 증가하고 있음을 보여주고 있다.

다음 <표 2>는 지난 20년간 한국경제 지표들 간의 상관계수를 나타내는 표이다. 이 표는 소득양극화 수준을 나타내는 지니계수와 다른 정치경제 변수들 간의 상관관계 정도를 나타내는 표이다.

이 표는 지니계수와 다른 많은 변수들이 통계적으로 유의미한 상관성이 있음을 나타내고 있다. 우선 지니계수와 경제성장률과의 상관관계를 보면

<표 2> 정치경제 변수들 간의 상관관계

지니 계수	-	경제 성장률	세계경제 성장률	사회복지 지출 비율	평균 실업률	GDP 대비 정부예산	보수정권
	Pearson 상관계수	-0.509*	0.138	0.952**	0.504*	0.355	-0.442*
	유의확률	0.016	0.541	0.000	0.017	0.105	0.040
	사례 수	22	22	20	22	22	22

* 상관계수는 0.05 수준에서 유의 ** 상관계수는 0.01 수준에서 유의

그 방향은 '부'이고, 통계적으로 유의미하다. 이는 경제성장률이 높아지는 현상과 소득양극화가 완화되는 현상이 상관성이 있음을 의미한다.[20] 즉, 경제성장이 소득양극화를 줄이는 효과가 있다는 것이다. 지니계수와 사회복지 지출 비율과의 상관성을 보면, 소득양극화가 악화되는 현상과 사회복지지출 비율이 높아지는 현상이 통계적으로 유의미한 상관성이 있다. 이는 소득양 극화가 악화되면 사회복지지출이 많아짐을 의미하는 것이다.[21] 이러한 관계는 지니계수와 평균실업률 간의 상관관계에서도 나타난다. 높은 실업과 소득양극화 악화가 상관관계가 있다는 것이다. 마지막으로 흥미로운 점은 보수 정권 시절에 진보 정권 시절보다 소득양극화가 약화되었다는 점이다. 이 관계는 통계적으로 유의미하다.[22]

---

20) 이러한 관계가 일반적 상식과는 다르다는 주장도 할 수 있다. 예를 들면 성장과 복지 간의 경쟁성을 주장하는 시각에 의하면 경제성장이 오히려 불평등을 악화시킬 수 있다. 그러나 한국 사례에 대한 상관관계 분석에 의하면 성장이 불평등을 완화시키는 효과가 있다는 점을 나타내고 있다.
21) 이 관계도 일반 상식과 다르다고 주장할 수 있다. 즉 사회복지지출이 많아지면 소득 양극화가 완화되어야 한다는 주장이다. 따라서 사회복지지출과 소득양극화는 인과관계의 방향성, 그리고 시차(time lag)에 따라서 그 관계가 달라질 수 있음을 시사한다고 할 수 있다.
22) 이 관계 역시 시차(time lag)에 따라서 그 관계의 유의미성과 방향성이 달라질 수

IV. 맺음말

위에서 분석하였듯이 과거 발생했던 다양한 형태의 글로벌 경제위기는 한국 정치사회에 큰 영향을 끼쳤다. 또한 과거의 경제위기는 한국 정치경제에 위기를 초래하기도 했고, 때론 기회를 제공하기도 하였다. 경제위기를 어떻게 극복하는가에 따라서 국가의 명운이 결정되어 왔다는 것이다.

1980년대 초 채무위기로 시작된 글로벌 경제위기는 한국의 개방화, 경제적 부상, 그리고 민주화라는 긍정적 결과를 낳은 데 일조하였다. 반면에 1997년 발생한 아시아발 경제위기는 구조조정과 실업의 고착화라는 부정적 효과를 낳았다. 다만 투명성 확대, 개방화 지속, 그리고 수평적 정권교체라는 긍정적 영향을 끼친 것도 사실이다. 2008년부터 시작되어 지금까지도 지속되고 있는 미국발 그리고 유럽발 글로벌 경제위기는 한국경제와 사회에 큰 충격을 가해왔지만, 이를 어떻게 극복하냐에 따라서 한국의 미래가 결정될 것이다.

과거의 경제위기 상황을 분석했을 때, 두드러진 특징은 경제위기 시에 소득양극화가 확대되었고, 실업이 큰 폭으로 증가하고, 수출입이 감소하는 등 경제가 총체적으로 큰 영향을 받는다는 것이다. 한국의 높은 대외의존도를 봤을 때 이러한 현상은 앞으로도 지속될 것으로 보인다. 경제위기에 대처하기 위하여 정부는 큰 폭으로 복지지출을 감행하였고, 국가부채는 큰 폭으로 증가하는 모습을 보였다. 경제침체의 장기화와 국가부채의 지속적 상승 현상을 고려할 때, 증가하는 재정압박으로 인하여 한국 정부가 미래의 경제침체 혹은 경제위기를 재정확대를 통하여 해소하는 방식은 제한받을 것으로 판단한다.

있다고 주장할 수 있다. 즉 진보정권에서 행해졌던 양극화 해소 정책이 정권 교체 후 보수정권에서 그 효과를 나타낼 수 있다는 것이다. 그러나 민주화 이후 지난 25여 년간 한국에서의 정권은 보수 10년, 진보 10년, 보수 4년여였던 점을 감안할 때, 시차로 인한 효과는 미미하다고 할 수 있다.

글로벌 경제위기 속에서 한국은 새로운 시대적 과제를 안고 있다. 금융위기 재발의 방지, 경제민주화의 달성, 소득양극화의 축소, 사회통합 달성, 신성장 동력의 창출, 그리고 대외의존도의 축소와 국가경제 독립성 제고 등이 큰 과제로 등장하고 있는 것이다. 이러한 과제를 해결하는 과정 속에서 새로운 정치경제 패러다임을 만들어야 하는 과제도 안고 있다.

우선 새롭게 등장하고 있는 정치경제 패러다임을 어떻게 '한국화'할 수 있는가의 과제가 등장하고 있다. 신자유주의 정책과 이념에 대한 반성으로 단순히 시장을 규율하고 정부의 역할을 다소 증가시키는 것으로 새로운 패러다임을 완성했다고 할 수는 없다. 정부, 기업, 노동자, 시장, 소비자가 어떤 역할을 분담할 것인가에 관한 진지한 논의가 필요한 시점이다. 과거 150여 년 동안 운영되었던 다양한 자본주의 체제의 성공 요인과 실패 요인을 분석하여 새로운 시대에 적합한 새로운 패러다임을 만드는 것이 필요하다. 단순히 선진자본주의 국가들에서 채택하는 이념과 정책을 답습하기보다는, 과거에 그랬던 것처럼 이러한 이념과 정책을 '한국화' 하는 작업이 필요한 것이다. 다만 한국경제의 세계경제 동조화 현상의 심화라는 제약을 고려할 때, 세계적 추세와 동떨어진 한국식 자본주의 체제의 선택은 상당히 제약될 것으로 판단할 수 있다.

두 번째로 한국은 양극화 해소와 사회통합 달성이라는 과제를 안고 있다. 위에서 지적하였듯이 계층별, 산업별, 지역별 양극화의 심화 현상이 나타나고 있다. 양극화는 비정상적 소비행태를 일으켜 경제를 왜곡하고, 경제적·사회적 갈등을 야기하며, 정치적 대립을 첨예화한다.[23] 따라서 어떤 정책과 이념을 바탕으로 경제 사회 사안에 대한 국민적 합의를 어떻게 도출할 수 있을 것인가가 매우 중요한 사안인 것이다. 또한 복지혜택에 대한 수요가 증가하고 이를 위한 사회적 환경이 변화하면서, 한국 정부의 역할도 적극적

---

[23] 허쉬만(Hirschman 1970)이 제시한 개념들에 의하면 경제위기는 경제행위자들의 탈출(exit)과 충성(loyalty)의 대안가능성을 줄이고 항의(voice)의 가능성을 높이는 것이다. 사회적 대립과 정치적 갈등이 증폭될 가능성이 커지는 것이다.

으로 변해야 하는 시대적 요구가 증가하고 있다.[24] 지난 몇 년간 많은 논란이 되었고, 다가올 대선에서도 큰 사안으로 제기될 복지 논쟁은 국가 역할 재정립과 깊은 연관이 있다. 문제는 양극화를 해소할 수 있는 복지 혜택의 제공과 재정 건전성 제고라는 다소 상충된 과제를 어떻게 조화롭게 할 수 있느냐는 것이다. 특히 복지혜택의 하방 경직성이라는 점을 고려할 때 두 문제의 조화는 쉽지 않은 과제이다.

셋째로 한국경제의 독립성 제고라는 과제가 등장하고 있다. 위에서 분석하였듯이 한국경제의 대외의존성은 꾸준히 증가하였고, 한국경제성장률이 세계 경제성장률에 동조화하는 현상이 벌어지고 있다. 한국은 더 이상 고성장 국가가 아니다. 또한 글로벌 경제위기 같은 부정적 국제 경제 환경을 피해갈 수 있지도 않다. 한국이 할 수 있는 수단과 정책이 점점 제약받고 있는 것이다. 이러한 현상은 한국을 딜레마에 빠지게 하고 있다. 한편으로는 수출을 증가시키고 해외 자본을 유치하여 경제성장을 도모해야만 한다. 자유무역협정을 증가시키고 기존의 협정들을 더 확대해야만 하는 과제가 있다. 또 다른 한편으로는 세계경제 변동의 부정적 영향을 줄이고 한국경제의 독립성을 제고시켜야만 하는 것이다. 이와 함께 또 다른 과제는 한국경제를 한 단계 도약시킬 수 있는 신성장 동력을 어떻게 어떤 분야에서 언제 만들어내느냐는 것이다. 그리고 내수시장의 확대를 통하여 한국경제의 독립성을 제고시킬 수 있는 방안이 무엇인가 하는 점이다. 이 두 문제의 해결없이는 한국경제의 대외경제 변동에 대한 높은 취약성이 지속될 것이다.

과거에도 그랬듯이 국제적으로 세계 경제위기는 한국에 또 하나의 기회를 제공하고 있기도 하고 하나의 도전 과제를 제공하고 있기도 하다. 미국 패권의 약화와 더불어서 아시아가 세계경제의 주축으로 등장하고 있다는 점이다. 아시아식 발전 모델이 수출되고 있고, 아시아 가치가 재부상하고 있

---

[24] 대선 전문가 30명에 대한 설문조사에서 이번 대선의 최대 이슈를 묻는 질문에 '복지 확대 및 양극화 해소'를 꼽은 응답자가 60%로 가장 많았고, '경제위기 극복'이라고 꼽은 응답자가 두 번째로 많았다(한국일보 2002/06/18).

다.[25] 아시아에서 상대적으로 경제발전 수준이 높은 한국이 기회를 맞고 있는 것이다. 다만 한국경제의 독립성과 생산성, 그리고 안정성이 이러한 기회를 이용하여 어떤 결과를 도출할 것인가를 결정하는 요인으로 작동할 것이다.

시대가 인물을 만든다. 민주화 이후 당선된 대통령들도 모두 시대적 환경과 과제를 안고 등장하였다. 정치경제적으로 볼 때, 김영삼 정부는 신미국경제(New American Economy)의 급속한 확산이라는 환경 속에서 한국경제의 재도약과 OECD 가입, 그리고 IT로 대표되는 기술적 도약 달성이라는 과제를 안고 있었다. 김대중 정부는 경제위기의 극복, 그리고 한국경제의 구조조정과 재건이라는 시대적 과제를 안고 있었다. 노무현 정부는 국제적 지역주의(regionalism)의 수용과 균형 발전이라는 시대적 과제를 안고 있었다. 마지막으로 이명박 정부는 한국경제의 선진화와 글로벌 경제위기의 극복이라는 과제를 안고 있었다.

새롭게 출범할 미래 정권도 역시 시대적 과제를 안게 될 것이다. 한국 정부가 통제할 수는 없지만 새로운 형태의 경제위기 방지와 위기 발생 시 영향 축소라는 큰 과제를 안게 될 것이다. 또한 한국사회를 대립과 경쟁으로 몰고 있는 양극화, 실업, 그리고 경제이념의 혼란을 극복하고, 사회통합을 이루어야만 하는 과제를 안게 될 것이다. 시대적 과제를 해결할 수 있는 물리적 능력과 자원뿐만 아니라 이념적·정책적 대립관계에 있는 정당과 시민들을 설득하고 동참시키는 비물리적 능력과 자원이 결합된 스마트(smart) 정책과 능력이 필요한 것이다.[26]

지난 총선과 앞으로 있을 대선에서의 결과가 한국 정부 구성을 결정할 것이고, 이에 의하여 새로운 경제정책이 탄생할 것이다. 정권이 바뀔 것인지

---

25) 브레머(2010)는 아시아 지역의 부상에도 불구하고 자본주의체제가 국가 자본주의 체제의 형태를 보이지는 않을 것으로 전망하고 있다.

26) 나이(Nye)는 국가의 군사력과 경제력 같은 물질적 능력과 이념, 제도, 도덕 등 비물질적 능력을 결합한 형태의 능력과 권력을 스마트 권력(smart power)이라고 지칭하였다.

아닌지, 혹은 단일정부가 탄생할 것인지 분점정부가 탄생할 것인지 여부가
한국경제에 큰 영향을 끼칠 것이다. 한국경제가 정치에 더욱 영향받는 시기
가 다가오고 있는 것이다.[27] 어떤 모습의 정부를 출범시킬 것인가에 관하여
한국유권자는 어떤 인물이 그리고 어떤 정당과 세력이 한국이 안고 있는
시대적 문제를 해결하기에 더 적합한지를 판단해야 하는 것이다. 한국의 미
래가 시민의 선택에 달려 있다.

---

27) 르블랑 등(Leblang and Satyanath 2006)은 정권이 바뀔 때, 그리고 분점정부가 탄생
했을 때 외환위기와 경제위기가 더 많이 발생할 수 있다는 점을 이론적으로 경험적으
로 주장하고 있다. 정권 교체와 분점 정부의 출현은 투자자들의 투자심리를 불안하게
할 수 있고, 경제 상황에 관한 정확한 정보를 얻기 힘들게 할 수 있다는 점을 그 원인
으로 들고 있다.

【참고문헌】

김미경. 2012. "자본주의 진화와 다양성: 신자유주의에 관한 신화와 오류."『국제정치논총』. 52-2. 311-36.

김석우. 2011.『국제정치경제의 이해: 역사, 이념 그리고 이슈』. 한울 아카데미.

김왕식. 1998. "한국의 외환위기의 원인과 발생과정." 백광일·윤영관 편.『동아시아의 위기의 정치경제』. 서울대학교출판부.

아나톨 칼레츠키. 2010. 위선주 옮김.『자본주의 4.0: 신자유주의를 대체할 새로운 경제 패러다임』. 컬처앤스토리.

안승국. 2002. "동아시아 경제위기에 대한 통합적 분석: 대내적 요인과 대외적 요인의 연계를 중심으로."『국제정치논총』. 42-3.

이상환. 2002. "동아시아 경제위기와 그 해법: 한국 말레이시아 사례에 관한 비교 연구."『한국정치학회보』. 36-2.

이승주. 2011. "그리스 재정위기와 유로의 정치경제: 유로 12년, 성공 신화에서 위기로?"『국제정치논총』. 51-3.

이언 브레머. 2010. 차백만 옮김.『국가는 무엇을 해야 하는가』. 다산북스.

이왕휘. 2012. "세계금융위기 이후 경제학의 위기: 국제정치경제학에 주는 함의."『국제정치논총』. 52-1.

Altman, Roger C. 2009. "Globalization in Retreat." *Foreign Affairs* 88-4.

Baily, Martin N., Diana Farrell, and Susan Lund. 2000. "The Color of Hot Money." *Foreign Affairs*. 79-2.

Bergsten, C. Fred. 2009. "The Dollar and the Deficits: How Washington Can Prevent the Next Crisis." *Foreign Affairs*. 88-6.

Brown, Bernard E. 2009. "The Fiscal Crisis: Transatlantic Misunderstandings." *American Foreign Policy Interests*. 31.

Gilpin, Robert. 2000. *The Challenge of Global Capitalism*. Princeton: Princeton University Press.

______. 2001. *Global Political Economy: Understanding The International Economic Order*. Princeton: Princeton University Press.

Hirshman, Albert O. 1970. *Exit, Voice, and Loyalty: Responses to Decline in Firms, Organizations, and States*. Harvard University Press.

Keefer, Philip. 2007. "Elections, Special Interests, and Financial Crisis." *International Organization*. 61. Summer.

Keohane, Robert O., and Joseph S. Nye, Jr. 1977. *Power and Interdependence: World Politics in Transition*. Longman.

Kim, Seokwoo, and Jongryn Mo. 2007. "Evaluating the Korean Bargaining Power: The Case of the Financial Crisis in 1997." *The Korean Journal of Area Studies* 25-2.

Lebland, David, and Shanker Satyanath. 2006. "Institutions, Expectations, and Currency Crises." *International Organization*. 60-1.

Nye, Joseph S. Jr. 2011. *The Future of Power*. New York: PublicAffairs.

Root, Hilton L. 2001. "Asia's Bad Old Ways: Reforming Business by Reforming Its Environment." *Foreign Affairs*. 80-2.

제6장

2012년 '남북관계와 한반도'의 시대정신

박인휘 ｜ 이화여자대학교

I. 한반도 외교안보현황의 주요 특징

1. 중국의 부상과 미국의 아시아회귀의 만남

기본적으로 G2로 표현되는 미중관계는 동북아 지역에서 1948년 이래로 보여 온 미중관계 중심의 국제질서와 어떤 형태로든 유사성을 보일 것으로 판단되며, 다만 지금까지의 안보질서와는 달리 미국과 중국 사이의 협력 국면과 갈등 국면이 더욱 복합적으로 전개될 것으로 판단된다. G2의 강대국 정치가 기존에 역사상 존재했던 강대국 정치와 차별적인 특징은 사안의 성격에 따라 갈등과 협력이 공존한다는 점인데, 미중 간 갈등이 전개될 경우 지역적으로는 동북아 지역이 이에 해당할 것이라는 전망이 지배적이다. 여기에는 무엇보다도 미국 중심의 양자동맹 중심적 동북아 안보구조(Bilateral-centric regional security structure)와 안보위협 요소로서 북핵문제가 자리

잡고 있기 때문인 것으로 판단된다.

다른 지역에서는 유사한 예를 찾기 어려울 만큼 매우 독특한 복층적 양자 동맹구조를 보이는 미국 중심의 군사동맹은 불가피하게 군사현대화를 추진하고 태평양지역으로의 안보 영향력 확대를 꾀하는 중국과 충돌할 개연성을 안고 있기 때문이다.[1] 또한 북핵문제의 경우 북한이 핵관련 물질과 기술을 한반도 밖으로의 확산을 시도하지 않는 한 중국은 북핵문제에 관해 미국과 다소 상이한 입장을 취할 수 있으며, 최악의 경우 북한핵을 용인하더라도 북한의 붕괴를 바라지는 않을 것이라는 차원에서, 한반도 문제를 놓고 미국과 심각한 입장 차이를 보일 수 있을 것으로 판단된다.

기본적으로 G2의 세력관계가 동북아에서 가지는 의미는 기존에 이 지역에서 정착되었던 미국 중심의 안보질서가 중국의 부상으로 어떠한 변화를 경험할 것인가의 문제로 생각해 볼 수 있다. 돌이켜보면 동북아(광의의 차원에서는 동아시아) 근대화의 과정은 미국의 개입과 전략의 국제정치적 결과라고 하여도 과언은 아니다. 결정적으로 20세기 후반 동아시아 지역의 냉전구조 심화를 거치면서 미국은 동아시아 국가로서의 정체성을 확립하였다(Cumings 1999). 탈냉전기에 들어서도 미국은 기존의 동맹국들과의 관계 강화, 중국과의 외교적인 파트너십, 호주, 뉴질랜드를 포함한 거대 태평양 안보네트워크, APEC을 통한 동아시아 지역논의 흡수 등을 통해 지속적으로 동아시아적 이익을 실현하고 있다. 미국이 추진한 '미국의 동아시아' 만들기는 대체로 세 가지 차원에서 진행되어 왔다.

첫째, 미국은 동아시아 안보부재를 전략적으로 활용하여 동아시아가 지

---

1) 중국은 지난 1996년 이래 두드러진 군사비증강을 추진해 오고 있으며, 특히 지난 2008년부터는 미국에 이어 군사비 지출 순위 세계 2위 국가가 되었다. 참고로 지난 2010년 중국의 군사비지출은 약 800억 달러에 달한 것으로 알려져 있다(Military and Security Developments Involving the People's Republic of China(2010), p. 42). 국제사회는 대체로 두 가지 시각에서 중국의 군사비지출을 바라보고 있는데, 하나는 급속한 군비증강은 결과적으로 미국과의 군사대결을 포함한 국제안보의 핵심 위협요인이라는 시각이 있는가 하면, 한편으로는 중국의 경제성장 및 GDP 증가에 따른 자연스런 결과의 하나라는 시각이 공존하고 있다.

속적으로 미국을 필요로 한다는 논리를 재생산해 왔다. 특히 탈냉전기 이후 기존의 동맹안보구조에 느슨한 다자주의 형태의 새로운 안보협력체제를 추가로 구축하여 미국-동아시아 간 미래 지향적인 안보적 결속력을 구축하고 있는 것이다.

둘째, 미국은 동아시아 지역과의 지속적인 경제성장 및 경제통합은 이 지역의 다자주의적 외교 관계를 강화하여 결과적으로 국제규범을 준수하게 만들고 미국적 이념과 가치를 수용하게 만들 것으로 기대한다. 동아시아 역내 경제적 통합의 심화는 개방경제, 자유주의, 공정무역 등에 대한 필요성을 강조할 것이고, 이러한 변화는 궁극적으로 미국이 제공하는 글로벌 표준을 동아시아가 더욱 적극적으로 받아들이게 될 것으로 기대하고 있다.

셋째, 미국은 탈냉전기 이후 유지되는 단극적 지위의 유지와 새로운 국제 리더십 창출을 위해 '변환외교(transformational diplomacy)'를 추진하고 있다. 대외관계의 지식기반 강화, 공공외교, 비정부 간 외교 등을 중심으로 진행되는 미국의 변환외교는 결과적으로 동아시아가 지속적으로 미국 중심적 질서로 유지되는 데에 적극적으로 기여할 것으로 보인다.

이러한 설명들을 종합해 보면 동아시아에서의 미국의 이해관계는 이 지역에서 냉전기 동안 확보하였던 미국의 안보이익, 경제이익 및 이를 위한 적극적인 '지역균형자'로서의 역할을 지속하는 것이다. 구체적으로 살펴보면, 우선 미국이 추구하는 일반적인 이익은 '대량살상무기의 확산 방지', '지역패권국가의 출현 저지', '유라시아에서 강대국들 간의 안정 확보', '중동지역의 평화와 지역 내 영향력 확보', '미국 중심의 경제성장', '민주주의와 자유주의의 전파' 등으로 알려져 있다.[2) 이러한 이해관계를 구체적인 국가전략적 수준으로 표현해 보면 '중국 성장에 대한 안정적인 관리', '일본, 한국 등을 중심으로 한 역내 동맹국가와의 관계 강화', '대만문제, 북한문제 등으로 대표되는 지역분쟁 해결', '세계경제의 심장으로서의 지속적인 역할', '역

---

2) 탈냉전기 미국의 글로벌 국가이익 및 지역적 국가이익과 관련하여서는 나이(Nye 1999); 라이스(Rice 2000); 박인휘(2007) 참고.

내 국가들에 대한 적극적인 민주주의 확산' 등으로 이해된다.

그렇다면 이러한 미국 중심의 동북아 안보구조는 G2를 계기로 여하한 변화를 초래할 것인가? 미국은 상대적으로 성공적이었던 미국 중심의 양자동맹을 지속적으로 강조하면서 동시에 초기 단계에 머물고 있는 이 지역 안보다자주의를 동아시아 안보를 지탱하는 추가적인 구조로 간주할 것이다. 이 과정에서 어떠한 형태로든 중국을 동북아(혹은 동아시아) 안보다자주의의 틀 안에 끌어들여 확장된 의미의 '안보다자주의'가 '양자주의'와 병행토록 노력할 것으로 전망된다. 지금까지의 양자동맹이 이념적으로 '자유주의연대'를 표방한 것이었다면, 중국을 포함한 안보다자주의는 가능한 한 정치적 정체성을 배제한 채 지역안보관리를 목적으로 한 전형적인 '협력적 안보(cooperative security)'를 추구할 것으로 보인다. 이론적으로 볼 때 협력적 안보는 어느 일방의 안보노력은 다른 일방의 안보노력을 전제로 완성된다는 의미를 가지고 있는데, 논리적으로 미국이 추구할 안보다자주의는 중국의 기여를 전제로 하는 것이고, 그렇다면 중국은 향후 미국이 주도할 혹은 미국이 참여하는 동북아 안보다자주의에 참여할 것인가의 문제가 제기된다.

이 문제와 관련하여서는 기본적으로 미국이 구축한 글로벌 및 동북아 안보질서에 맞서 중국이 맞균형(counter-balancing)을 시도할 능력과 의지가 있는가의 질문으로 대신할 수 있다. 즉, 중국이 독자적인 안보질서를 구축하고자 시도하며 또한 그러한 중국의 리더십에 편승할 추종국가군이 존재하여야 가능하다. 하지만 국제정치이론에서는 초강대국이 이등 국가(second-ranked state)와의 국력 격차가 얼마인가 하는 바가 매우 중요하다. 미국과 중국과의 심대한 군사력 격차는 물론 중국을 둘러싸고 있는 러시아, 인도, 일본, 중앙아시아 등의 지정학적 구조를 고려해 보면 아시아 국가들 중에서 중국이 주도하는 대미국 맞균형 질서에 참여할 국가는 없을 것으로 보인다(Snyder 2002, 254-56). 따라서 동아시아 안보구조의 변화는 매우 제한적인 영역에서 발생할 것으로 보인다.

이 문제의 연장선으로 미국과 중국을 제외한 동아시아 지역 국가들이 과거 혹은 현재 미국이 제공하고 있는 동아시아의 안보구조를 대신할 더 안정적이고 평화로운 안보구조를 상정해 볼 수 있느냐의 문제를 생각해 볼 수 있다. 만약 동아시아 역내 국가들이 미국이 제공하는 안보구조로 말미암아 주요 강대국들 사이의 경쟁을 사전에 차단하여 전쟁을 방지할 뿐만 아니라 경쟁관계에 있는 국가들 간의 외교관계를 일정 수준의 긴장 안에서 머물게 한다고 인식한다면 중국의 부상으로 인한 안보구조의 변화는 심각하지 않을 수 있다. 물론 미국의 전략이 직접적 개입이 아닌 역외균형(Offshore balancing)으로 점진적으로 전환되고 과다한 비용방지와 외교자원의 발달로 인해 전통적인 양자동맹 구조에 근본적인 변화가 야기될 것으로 전망되지만,3) 그렇다고 하더라도 미국의 안보 균형자적(security balancer) 역할이 중국에 의해 고스란히 대체되는 결과로 이어지지는 않을 것으로 판단된다.

기본적으로 미국은 중국의 부상을 전제로 새로운 동아시아 안보전략을 모색하고 있으며, 여기에는 전통적인 동맹관계 강화를 포함하여 역내 국가들과 다양한 형태의 군사외교를 강화함으로써 동아시아의 '안보 지형'을 매우 넓게 유지하고자 하는 정책을 추진하고 있다. 이러한 판단이 미국 중심의 효율적인 군사 네트워크 유지는 물론 중국에 대한 개입정책을 전개하는데에도 도움이 된다고 판단하고 있다. 특히 동아시아는 지역 스스로의 의지와 제도에 의한 세력균형의 경험이 없다. 2차 대전 이후 유럽의 경우처럼 유사한 국력을 보유한 역내 국가들 간 경쟁이 서로 일탈 행위를 방지하면서 안정적인 지역 관리로 이어질 수 있는 메커니즘이 존재하지 않는다. 즉, 지역 자체에 의한 균형의 부재는 특정 국가에게 과도한 군사력이 집중될 경우 지역 자체의 안정성이 파괴될 수 있음을 의미하며, 자연스럽게 이러한 판단은 세력균형자로서의 미국의 지위가 다양한 방식으로 지속될 수 있다는 판단을 가능케 하고 있다(박인휘 2006).

---

3) 미국의 역외균형(Offshore balancing) 전략에 대해서는 레인(Layne 2006)을 참고.

2. G2, 한반도 안보 차원의 영향과 반응

동북아적 차원에 이어서 결국 G2가 우리에게 가장 중요한 의미인 한반도 안보에 미치는 포괄적인 주요 변화요인은 무엇일까? 주지하는 바와 같이 한국은 미국과 매우 공고한 양자동맹관계를 맺고 있으면서, 동시에 중국과 소위 전략적 동반자(strategic partnership) 관계를 유지하고 있다. 우리를 둘러싸고 있는 이러한 외교적 환경을 전제로 기본적으로는 글로벌 파워로 부상한 중국과 갈등국면을 조성하는 것은 어떠한 이유에서든 우리의 국익에 도움이 되지 않는 것으로 판단된다.

이러한 판단의 가장 핵심적인 근거는 이명박 정부 초기 한미동맹이 공고할수록 한중관계가 잘 해결된다는 소위 '한중관계의 한미동맹 연계론'이 강하게 제기되었으나, 2010년 천안함사태와 연평도사태를 경험하면서 한미동맹과 한중관계는 서로 독립적으로 작용하고 있다는 외교적 사실을 깨닫게 되었다. 참고로 한일관계도 마찬가지 논리로 설명이 가능하다. 따라서 한미동맹을 우리의 포괄적인 안보이익의 근간으로 삼되 동시에 일정한 영역에서 한중관계를 독자적으로 운영하고 관리할 수 있는 외교적 역량이 필요하다는 점을 명확히 인식해야 한다.

G2 시대의 외교안보환경을 맞이하여 이러한 외교적 현실을 한 마디로 정의하자면 우리가 미국과 중국 중에서 어느 일방의 세력을 이분법적으로 선택하는 것처럼 보이는 것은 결코 바람직하지 않다는 의미이다. 또한 G2로 대표되는 강대국정치의 구조화가 진행되면 될수록 우리의 국가정체성을 바탕으로 견고하게 추진해야 할 한국적 국가이익을 분명하게 정의할 필요가 있다.

우리의 국가안보이익은 한반도적인 수준, 동북아적인 수준, 그리고 글로벌 수준에서 각각 도출해 볼 수 있다. 한반도적 관점에서의 최대의 국가이익은 남북한 갈등 구조를 영구히 청산하고 한반도에 민족통일의 염원을 이룩하는 것이다. 동북아적 수준의 국가이익은 주변 강대국들이 한반도에 대한 영토적 야욕을 갖지 못하게 할 정도의 국력을 갖춤은 물론 이를 바탕으로 동북아 국가들 간 공존과 번영을 함께 추진할 수 있는 지역안보구조를 정착시키는 일이다. 글로벌한 수준의 국가이익은 세계자본주의 발전에 뒤처지지 않기 위해 선진자본주의와의 근접성을 항상 유지하며, 보편적인 초인류적 가치들을 우리 사회에 효과적으로 적용시키는 일일 것이다.[4]

이상의 국가이익 실현을 위해 다음의 몇 가지 사항을 전략적으로 고려하여야 한다. 첫째, G2 시대 미중 관계의 안정성 유지는 어느 무엇보다도 한반도 평화정착의 필수전제 조건임을 명심하여야 한다. 보다 구체적으로 표현하자면 '서해지역의 분쟁화'와 같은 한반도발 위기국면의 조성은 가능한 한 방지되어야 한다. 물론 우리의 국가이익 실현을 위해 상대적으로 거대한 국력을 소유한 국가들 간의 외교관계를 좌우한다는 것은 불가능한 일이다. 다만 역으로 미중 간 양국관계에 일정한 안정성이 발견될 때가 한반도 평화정착을 구체화하기 위한 최적의 시점이라는 설명이 가능하다. 따라서 최근에 들어 G2 시대에 진입하면서 양국 간 갈등보다는 공조화 협력의 중요성이 강조되는 현 시점이 남북한 대결 구도를 청산할 수 있는 최적의 시기라고 본다. 또한 여전히 전세계적인 규모의 반미연대의 가능성이 희박하고, 중국의 근대화 전략이 국가최우선 과제로 다루어지며, 일본이 대미 및 대중 외교관계에서 독자적인 목소리를 내는 것이 아직은 부담스러운 상황이 바로 한반도 평화정착의 적기라고 생각한다. 구체적으로 지금부터 향후 5~10년의 기간중에 어떤 형태로든 남북한 대결구도는 청산되어야 한다.

둘째, 영토분쟁, 자원분쟁, 에너지자원 등과 같은 동북아 쟁점 이슈들이 군사안보적 영역의 사안으로 전환되지 않도록 노력하여야 한다. 그러기 위해서는 이러한 쟁점 사안들이 지역적 차원에서 논의될 수 있는 포괄적 안보를 지향하는 '동북아적' 안보다자기구가 필요하다. 물론 G2 시대의 도래에도 불구하고 중국의 사회주의 정체성이 다른 행위자 국가들의 정치적 신념과 상충하는 경우 현실주의적 관점에서 지역안보협의체는 오히려 안보딜레

---

4) 유사한 문제의식에서 이상현(2008)은 한국의 국가이익과 국가전략을 매우 효율적으로 연계시키면서 설명하고 있다.

마를 야기할 수도 있겠지만, 상시 대화채널에 의한 효율적인 네트워크 관리가 이루어진다면 지역안보논의 기구 출범은 반드시 이루어져야 한다고 본다. 많은 전문가들은 북핵문제 논의를 위한 현재의 6자회담이 좋은 출발이 될 수 있을 것이라고 설명한다. 심정적으로는 동조할 수 있지만, 현실적으로 6자회담의 대화 모멘텀을 지속적으로 유지하는 것은 대단히 어려운 일이다. 왜냐하면 현재의 6자회담은 참여국이 북한의 비핵화라는 매우 제한적인 목표에만 합의한 것이므로, 일반적인 의미의 제도주의적 자생력을 확보하기에는 어려움이 있다. 대신 미국과 중국을 양 축으로 하는 군비경쟁 자제, 경제성장, 거시경제정책, 환경, 교육, 노동력 이동, 문화교류, 테러 등과 같은 아젠다 개발이 더 효과적일 수 있는데, 한반도는 이러한 아젠다 개발을 선도할 수 있는 유리한 지정학적 위치와 외교적 정체성을 가지고 있다.

셋째, 세계적 수준에서 보자면 G2 시대에 미국과 중국 사이의 글로벌 차원의 협력과 동북아 차원의 갈등이 우려되면 될수록 우리의 안보적 국가이익과 관련하여서는 무엇보다도 글로벌 연결성을 확보하는 것이 중요하다고 판단된다. 동아시아 차원을 뛰어넘는 세계자본주의 경쟁에 적극 참여한다는 것은 우리 스스로 선진자본주의의 자본과 기술을 언제든지 활용할 수 있는 선진산업구조를 갖춘다는 것을 의미한다. 지금까지의 경우 우리의 자본주의 발전은 사실 미국의 동맹국이라는 지위에서 파생하는 이득에 기인하는 바 적지 않았다. 향후에는 G2 시대를 한국의 글로벌 외교역량강화의 기회로 적극 활용할 필요가 있다. 어차피 우리가 미국과 일본보다 부유한 국가가 된다든지 혹은 이들 국가보다 선진화된 산업구조를 가진다는 것은 가까운 장래에는 불가능한 일이다. 따라서 차제에 차별화된 산업구조를 바탕으로 세계시장에서의 분업구조를 적극 활용할 필요가 있으며 한중 및 한일 간 자유무역협정(FTA)은 적극 도입할 필요가 있다고 본다.

3. 북한의 새로운 리더십과 대외전략

김정은의 북한과 북핵은 이전 세대의 리더십과 차별적인 특징을 보이고 있다. 김정일 사망 직후 북한이 다양한 경로를 통해 밝히고 있듯이 김정은은 김일성의 주체사상과 김정일의 핵능력을 고스란히 승계하면서, 이러한 토대 위에 경제성장의 의지를 내보이고 있다. 잘 알려진 바와 같이 지난 5월 북한은 자국의 헌법에 '핵보유국'이라고 구체적으로 명시하기에 이르렀다.

북핵문제 20년을 넘어가면서 북한의 핵보유로 인한 탈냉전적 분단구조가 정착되는 것이 아닌가 하는 의구심이 국내 및 국제사회를 통해 확산되고 있다. 한 마디로 '북핵문제 20년' 이후 남북관계는 새로운 국면에 접어들 양상이다. 새로운 국면으로의 진입에서 생각해 볼 가장 중요한 교훈은 지난 20년간 보수정권 10년과 진보정권 10년의 정책이 비핵화를 유도해 내지 못하였다는 점이다. 포용정책을 강조한 진보정권의 대북정책은 물론 원칙있는 대북정책을 내세운 보수정권의 대북정책 역시 북한으로부터 의미 있는 변화를 유도해 내지는 못하였다.

대체로 지금까지 핵개발과 관련한 북한의 발언에는 두 가지 특징을 보인 것이 사실이다. 첫째, 한반도 비핵화는 김일성의 유훈이다. 둘째로 어떤 형태로든 핵무기, 핵기술, 핵물질을 한반도 바깥으로 유출하지 않았다. 사실 한국과 국제사회의 대북협상전략은 기존의 이러한 북한의 입장을 전략적으로 적극 활용할 필요가 있었으나 다소 아쉬운 측면이 있다.

이러한 맥락에서 지난 4월 장거리 로켓발사 이후 미국 측에서 "게임 체인지(game change)"의 필요성에 대한 의견이 나오고 있는데, 핵문제에 몰입하는 한 북한의 전략에 빠져든다는 판단이 작용하고 있는 것으로 알려져 있다. 따라서 향후 대북전략의 초점은 핵문제를 포함하여 북한과의 포괄적인 관계의 확산에 두고, 이러한 전면적인 관계의 증대가 북한의 변화에 더른 도움을 줄 수 있다는 전략이 설득력을 얻고 있다.

특히 전면적인 북미관계의 외교접촉 가능성은 오바마 대통령의 재선 성공으로 인해 그 가능성이 더욱 높아졌다. 사실 지난 4년 동안 북미 외교관계 침체의 배경에는 충분히 이해할만한 부분이 존재한다. 2009년 집권 당시 미국 대통령 오바마가 처한 환경은 매우 열악하였다. 결과적으로 자신의 정체성, 능력, 국가리더십이 충분히 발현될 수 있는 기회를 잡지 못한 측면이 인정된다. 전임 부시 행정부가 벌여놓은 외교 아젠다(테러와의 전쟁 등)를 성공적으로 마무리지어야 했고, 중국의 부상이라는 인류사적으로 매우 광범위하고 보편적인 현상에 대처하기 위한 원칙과 기준을 정하는 데에 많은 시간과 고민이 필요했다. 그나마 의욕적으로 또한 독자적으로 제기했던 외교 아젠다인 '핵 없는 세상', '코펜하겐 기후협약' 등과 같은 이슈들은 상대적으로 장기적인 프로세스를 요하는 사안들일 뿐만 아니라 미국의 일반 국민들이 외교적 성과로 인정해 주기에는 너무 어렵고 복잡한 이슈들이었다. 이러한 상황에서 한국에는 보수적인 대북정책이 전개되는 상황에서 북미관계를 독립적으로 발전시키기에는 많은 어려움이 있었을 것으로 판단된다.

하지만 미국의 소위 "전략적 인내"가 북한에게 의미 있는 교훈을 주지는 못했다는 평가가 다수 존재하기 때문에, 2013년 이후 미국의 대북정책에는 이러한 입장이 적극적으로 고려될 것으로 보인다. 주지하는 바와 같이 6자회담이 한 번도 개최되지 못했고, 우여곡절 끝에 추진된 "2.23 합의" 역시 동력을 받지 못하고 북미간 관계개선으로 이어지지 못하였다. 오바마의 외교정책에서 북미관계가 상대적으로 매우 저발전 된 데에는 여러 가지 이유가 있을 수 있지만, 위에서 언급한 바와 같이 대체로 테러와의 전쟁을 마무리 지어야 하는 오바마 외교정책의 종합적 특징과 정책적 우선순위를 고려할 때, 북한문제는 상대적으로 비중이 크지 않게 다뤄졌을 가능성이 크다. 또한 오바마 정부 4년 동안 유지되었던 한미관계의 특징을 고려하면, 이명박 정부가 추진한 대북정책의 기조를 일정 부분 존중한 측면이 있고, 여러 가지 전략적 고려에서 남북관계와 동떨어진 차별적인 북미관계를 추진하는 것은 오바마 행정부에게 적잖은 부담으로 작용했을 가능성이 있다.

이러한 배경에서 김정은의 북한이 2013년 이후 제기할 수 있는 핵문제가 오바마 행정부 2기에 어떻게 인식될 것인가의 문제는 다소 차별적으로 전망된다. 지금까지 미국 외교사에서 발견되는 많은 경험처럼 위기국면이 깊을수록 유화국면의 파급효과가 컸던 사례가 다수 존재하고, 만일 오바마 재선 직후 북한이 핵문제 혹은 미사일 문제를 야기한다면 이것은 어떤 형태로든 북한이 지금의 국면을 전환하고 싶다는 적극적인 메시지라는 차원에서 이해할 필요가 있다고 본다.

II. 한반도 안보의 구조적 특성

이상과 같은 문제의식을 바탕으로 '남북관계의 시대정신'에 앞서 한반도 안보가 안고 있는 구조적인 특성에 대해서 잠시 살펴보겠다. '안보(security)'는 주권 개념의 형성과 발전으로 대표되는 근대국제관계의 역사적 축적을 견인하였고, 국제정치학이 하나의 독립 학문으로서의 지위를 확보한 이후로는 국제사회의 다양한 세력관계를 설명하는 핵심적인 분석 지표로 작용하였다(Buzan and Hansen 2009; Booth 2007). 비록 '안보'가 하나의 학술체계로서 사회과학적 정밀함을 추구한 것은 2차 대전 이후의 일이지만, 그 이전 시기에 방어, 전쟁수행, 지리정보 등의 개념들로 한정되었던 안보적 관심 역시 궁극적으로 생명, 재산, 외교적 약속, 평화, 공동체, 인류 등의 이해관계에 대한 탐구였다는 관점에서 '안보연구(security studies)'는 오랜 역사를 가진 학문으로 볼 수 있다.

그 역사 속에서 루소나 홉스 같은 근대 사상가들의 영향을 받은 안보는 때로는 개인과 국가 사이의 계약으로 이해되었고, 주권이 비서구로 확산되는 시기의 안보는 부국강병을 위한 국가전략이었으며, 냉전기 양극체제가 국제사회의 다양한 세력관계를 규준(規準)할 때의 안보는 극단적인 상황을 전제로 한 고도의 정치적 생존게임이었다. 탈냉전기 세계화의 시작과 함께 안보연구는 혁명적인 변화를 경험하게 되는데 많은 경우 냉전석 안보현실에서 야기되었던 전제와 설명력의 한계를 극복하고자 한 노력으로 이해된다 (Kolodziej 2005; Buzan et al. 1998; Baldwin 1995). 하지만 이러한 노력과 시도는 한반도 안보환경과 사뭇 차별성을 보이며 진행된다.

기본적으로 모든 사회는 사회구성원들이 느끼는 안보위협에 정치적으로 반응하게 된다. 안보연구는 현실 속에서 발견되는 다양한 수준과 내용의 위협에 대한 인식을 개념화하고, 이어서 특정 위협에 대한 대응방식을 둘러싼 정치적 우선순위를 정하며, 그러한 과정에서 특정 정치세력의 능력과 합리성에 대한 평가가 진행되는데, 이러한 일련의 과정을 통상 '안보부재(insecurity)의 정치'라고 부른다(Huysmans 2008; Krause and Williams 1996). 물론 전통적으로 국제관계 연구에서 안보 이슈들 간 우선순위 설정의 문제는 언제나 연구자들의 주요 분석 대상이었다. 다만 80년대 말을 전후로 안보연구의 중요한 변화의 모멘텀이 생겨났는데, 정치적 어젠다의 다변화를 통한 '국가간 관계 중심'의 국제관계적 관심으로부터의 탈피가 자리잡고 있는 것이다. 주지하는 바와 같이 군사안보 영역이 안보연구에서 차지하던 지배적인 지위에 변화가 생겼고, 이것은 위협들 간 경쟁에서 독점적으로 유지하던 우선순위의 상실을 의미하며, 개별 정치사회적 공동체가 직면하는 위협들과의 관계에 대한 새로운 인식적 접근을 요구하고 있다. 안보는 개인을 둘러싸고 있는 사회적 조건들과의 관계에서 이해되는 사회 구성적 속성을 가지고, 인식과 개념으로서 이해되는 안보는 '안보부재의 정치' 과정 속에서 특정 안보영역에 관한 고도의 전문성을 확보한 세력의 능력과 결합하여 결과적으로 국가(혹은 특정 유형의 행정부)가 특정 안보위협을 관리할 합리적인 능력이 있는가의 문제로 전환된다(Deudney 2007, 465; Huysmans 2008, 22).

이러한 안보부재 정치의 미성숙은 결과적으로 우리 사회가 궁극적인 안보 확보를 달성하는 데에 커다란 장애 요인으로 작용할 수 있는데, 현실적으로 북한이라는 안보 위협을 어떻게 인식하고 이를 해소하기 위한 어떠한 전략을 선택하느냐에 따라 한반도에 민주적이고 평화로운 통일정부를 수립하는 일을 매우 어렵게 만들 수 있다. 우리의 안보현실과 유럽의 경우가 차별적인 데서 유래하는 안보의 개념화 작업 및 관련 인식적 토대의 저발전은 인정하더라도, 어차피 어느 사회이건 개별 정치적, 역사적 배경에 따라 '안보부재의 정치'는 어떤 형태로든 작동하게 마련이므로, 우리의 안보환경에 적합한 안보부재의 정치의 정상화는 반드시 필요하다고 본다. 특히 위협들간 우선순위가 정해지고 이의 결과로서 안보이슈로 전환되는 과정은 국내의 자원을 재분배하고 구성원들 간 세력관계의 변화를 가져와 궁극적으로 '권력게임'의 성격을 가진다는 점에 주목해야 할 것이다. 또한 이 과정에서 리더십의 성격, 지배세력의 이념적 성향, 전문가집단의 특징 등의 요인들이 복합적으로 결합하면서 '안보'는 우리 사회의 가장 결정적인 지배구조적 특성을 설명하기 때문이다(Huysmans 2003; Wyn Jones 1999). 그렇다면 우리가 경험하고 있는 안보부재 정치의 비정상화는 어디에서 유래하는 것일까? 즉, 이러한 비정상을 야기하는 우리 안보현실의 구조적인 문제점은 어디에서 비롯된 것일까?

주지하는 바 한국 안보의 경우 현대정부 수립의 순간부터 글로벌 냉전은 한반도질서와 매우 밀접하게 결합하였고, 경합의 결과로 위협을 인식하고 안보이슈로 전환하는 문제는 북한 위협에 대응하고 관리하는 문제로 치환되었다. 안보는 기본적으로 누군가와의 '다름(differentia)'에 대한 지속적인 규정 작업을 의미한다(박인휘 2001; Williams 1998; Krause and Williams 1996). '위협'을 인식하고 이것을 안보차원으로 전환하는 문제는 결국 누군가와의 '다름'과 우리에게 안보부재를 가져다 줄 '위협'이 결합한 결과로 볼 수 있는데, 이 과정에서 '다름'과 '위협'이 결합하는 가장 대표적인 방법은 '내부와 외부'를 구분하는 기준이 되며, 냉전기를 경험하면서 '국가'라는 안보확보 대상을 설정함으로 인해 누구를 외부로 규정할 것인가의 문제는 상대적으로 손쉽게 해결되었다. 특정 국가의 정체성을 기준으로 한 '내부의 세계(weness)'와 '외부의 세계(otherness)'가 어떻게 구분되는가에 대한 설명이 전제가 되어야, 그리고 이와 같은 '다름'이 어떠한 차원과 관점에서 '위협'으로 전환하는 가에 대한 설명이 전제가 되어야 비로소 양극체제의 글로벌 질서하에서 '국가 안보'를 확보하기 위한 다양한 관련 개념작업과 정책적 실천이 가능하기 때문이었다(Weldes 1996; Dalby 1990). 결국 보다 현실적으로 설명하자면 '대한민국'이라는 영토적 범위와 민족적 공동체를 기준으로 한 '안'과 '밖'에 대한 분명한 설명이 선행되어야 구체적인 안보실천의 내용과 방법이 가능하였던 것이다. 따라서 '국가안보'가 그 무엇에도 우선하는 안보 확보의 대상으로 자리잡은 데에는 우리의 생존이 냉전체제와 결합한 결과로서, '주어진' 안보현실을 관리하는 것만으로도 국가능력의 총합적 투입을 요구하였던 관계로 '주장된' 안보환경을 생각할 여유가 없었던 것이다.

따라서 상대적으로 냉전기 동안 우리가 규정하는 위협과 안보적 차원의 실천은 분명하게 이해되었다. 글로벌 수준에서 작동하는 냉전이라는 안보논리가 개별 지역과 국가의 안보논리에 워낙 구체적으로 침투한 관계로 한반도의 안보는 상위 수준인 글로벌 안보의 작동방식에 종속적으로 연동되어 있었기 때문이다. 결과적으로 한국의 안보를 정의하기 위한 위협에 대한 근본적인 인식과 관련 정치사회적 과정은 현실 속에서 미국과 북한이라는 두 대외관계 축을 중심으로 설명되었다. 이러한 과정에서 우리가 북한과 어떻게 '다른지' 우리와 북한의 다름으로 인해 비롯되는 '위협'의 구체적인 수준과 내용은 어떠한지에 대해서 독립적으로 고민할 기회를 갖지 못한 것이다. 한국적 차원의 '안보부재의 정치'는 주어진 위협 '북한'에 대한 지속적인 다름을 추구하는 '배제와 차별화'를 핵심 내용으로 하였다. 이와 같은 내용으로 심화된 한반도 냉전기 안보부재의 정치는 소위 '분단구조'로 불리면서 우리사회와 북한 사회 내부에서 각각 고도의 구조화의 과정을 경험하게 된다.5) 현실적으로 이러한 한반도 안보 구조화는 북한이라는 '위협'이 안보이슈의 독립적인 지배구조로서 한미간 동맹관계를 통해 관리되는 즉, 안보부재 정치의 핵심적인 내용으로서의 '북한'에 대한 다양한 차원과 내용의 배제가 한미동맹이라는 제도적 차원을 통해 정치제도적으로 진행된 것이다.

---

5) '분단구조'는 남북한 간 상이한 체제의 유지가 정치사회적으로 구조화되는 과정에서 남북한 개별 사회의 대내적 및 대외적 제도화의 진행이 분단적 상황을 전제로 하고 있음을 설명하는 사회과학적 용어이다.

한편, 한반도 안보 확보의 구조적인 한계와 관련한 대표적인 원인으로 동북아적 차원의 구조적 요인을 지적할 수 있는데, 글로벌 안보환경이 한반도적 차원으로 투영되는 방식은 대부분 주요 패권 국가들에 의한 동북아 지역 전략의 차원에서 이뤄지기 때문이다(박인휘 2005; Cha 2009). 오래전부터 한반도 분단이 가지는 글로벌 수준의 의미가 강조되었듯이, 우리의 안보현실을 인식하고 개념화하는 작업은 '동북아'라는 탈한반도적 수준과 밀접하게 맞닿아 있다. 냉전기에는 상대적으로 개별 지역에서 발견되는 독자적인 지역안보복합성(regional security complex)이 두드러지지 않았으나, 탈냉전 이후에 들어 세계 각 지역의 안보 환경이 급속히 차별화되고 있다(Acharya 2007; Katzenstein 2005; Buzan and Wæver 2003; Alder and Barnett 1998).

지역 안보의 작동원리를 설명하는 데에는 대체로 두 가지의 거시적인 시각이 있는 것으로 판단된다. 하나는 글로벌 핵심 패권의 역할과 개별 지역 사이의 반응에 초점을 맞추고, 현실적으로 글로벌 안보 작동의 근거는 유일 초강대국 미국과 지역 강국들과의 협력관계를 통해서 가능하다고 설명하면서 개별 지역의 안보 유지도 이러한 차원에서 설명하고자 한다(대표적으로 Katzenstein 2005, 45-50). 또 다른 하나의 설명은 지역 각각에서 발견되는 다양한 행위자에 의한 상호의존의 역동성에 관심을 가지면서 지역안보환경이 어떻게 형성 및 변화하는지를 분석하는 방법이다. 이 경우 상대적으로 역외 세력의 영향력의 중요성보다는 개별 지역 내부에서 발견되는 안보관계의 복합적인 상호의존성에 더 관심을 가지게 된다(대표적으로 Buzan and Wæver 2003, 15-21).

그런데 두 가지 관점 중 어느 쪽에 의존하더라도 한반도 안보실천은 구조적으로 다양한 층위의 접근을 요구하고 있다. 왜냐하면 전자는 북한 문제를 포함한 한반도 안보는 결국 미국과 지역 강대국인 중국과 일본의 전략이 다양하게 맞물린 결과라는 설명이며, 후자는 한반도 안보는 국가 행위자를 포함한 다양한 이해관계 행위자들의 의사수렴과 합법적인 동의과정을 전제로 하고 있는데 어느 쪽 모두 현실적으로 매우 어려운 정치적 과정이기 때문이다.

III. 2012년, 남북관계 문제점의 본질

1. 남북관계 경색 장기화의 의미

한반도 안보의 구조적 특성에 대한 이상과 같은 분석을 전제로, 그렇다면 2012년 현 시점에서 장기화되고 있는 남북관계 경색의 본질적인 의미에 대해서 설명해 보겠다. 첫째, 이명박 정부 집권 초기 상대적으로 강경한 대북정책이 오랫동안 유지되지 못할 것이라는 견해가 지배적이었다. 집권 후 시간이 흐르면서 일정한 시점에서 대화국면이 도래할 것으로 짐작된 바 있다. 하지만 돌이켜보면 내부요인, 생존전략, 체제강화, 미국 길들이기 등 다양한 전략적 목표를 안고 있는 북한은 말할 것도 없거니와 대북한 원칙주의적 입장을 견지하고 있는 이명박 정부 역시 유화의 모멘텀을 확보하는 데에 실패하였다. 국내 진보세력으로부터의 공격이 극심하여 정치적인 부담이 가중된다면 이명박 정부의 대북노선이 바뀔 수도 있었겠지만, 그리고 진보세력의 공격이 있는 것은 사실이지만, 그러한 공격이 현 정부가 관리할 수 없는 수준의 압박으로까지 작용하지는 않았다.[6] 오바마 행정부의 경우 집권 초부터 과거 클린턴 행정부와 부시 행정부 모두의 잘못을 되풀이하지 않겠다는 단호한 입장을 보인 바 있다.

따라서 과거처럼 북한문제가 경색되었을 때 우리 정부 혹은 미국 정부가

---

6) 이명박 정부 대북정책이 국내 진보세력의 정치적 압력으로부터 버틸 수 있었던 동력은 여러 가지 변수로 설명이 가능하다. 대체적으로는 천안함폭침, 연평도폭격 등 북한 행위의 과도한 일탈성 그리고 오바마 민주당 정부의 "전략적 인내 및 무관심"이 핵심적으로 거론되고 있다.

유화의 주도권을 번갈아가며 행사하면서 한반도 문제를 안정적으로 관리하는 역할을 담당해야 하던 경우와는 매우 차별적인 양상이 전개된 것이다. 아이러니컬하게도 2009년 김대중 전 대통령 사망 당시 북한이 조문단을 파견하는 등 오히려 남북관계 경색을 관리하기 위한 유화국면의 주도권을 북한이 쥐는 듯한 상황이 전개되기도 하였다.

둘째, 위기의 수위가 높았다는 것은 위기 이후 협상과 유화국면의 가능성 역시 그만큼 크다는 것을 의미한다. 북핵 문제는 불가피하게 한반도 문제를 북한과 미국 사이의 대결국면과 연동된 측면이 있는데, 북한의 핵외교 및 미사일 발사를 둘러싼 북한과 미국의 위기국면이 위태로우면 위태로울수록, 향후 양 국가 사이의 협상국면 역시 고도의 수준에서 전개될 것이라는 판단을 가능케 하고 있다. 양국 간 특사 방문 혹은 중국의 적극적인 중재 등이 계기가 되어 북미 간 대화국면이 시작된다면, 그래서 깊은 파국의 국면을 넘어서 협상의 모멘텀이라고 판단된다면, 오바마 행정부 2기는 북한 문제를 근원적으로 해결하기 위한 해법을 찾고자 할 것이다. 그 과정에서 한반도평화체제 전환 및 북미관계 정상화를 포함한 다양한 정책적 선택이 매우 적극적으로 협상테이블 위에 올려지게 될 것으로 예상된다.

오바마 대통령이 갖고 있는 일종의 '21세기형 진보주의 정체성'과 '민주당 외교의 담대함'을 고려할 때, 일단 문제 해결의 모멘텀을 맞이했다고 판단하는 순간 매우 근본적인 관점에서 대북한 접근을 시도할 것으로 보인다. 이러한 배경에서 오바마 행정부 2기 임기가 시작하는 첫 해, 중국 5세대 리더십의 등장 직후, 김정은 정권 1년 경과 후의 안정성 확보 등의 상황들이 모두 맞물려 있는 2013년을 고려해 보면, 오바마 행정부 2기에서의 북한문제 해결가능성은 과거 클린턴 행정부나 부시 행정부의 경우보다 훨씬 크다고 볼 수도 있겠다.

셋째, 북핵문제를 포함하여 대북한 정책에 대한 정부의 분명한 비전과 이와 관련한 국내적 지지가 더욱 요구된다. 이명박 행정부의 외교전략에서 발견되는 두 가지 정도의 핵심직인 문제점이 있는데, 하나는 포괄적인 외교전략의 차원에서 외교강국으로 진입할 기회를 맞이하고 있는 차제의 글로벌 불안정성을 '경제전략'과 '행사성 전략'으로 치환하고 있다는 점이고, 또 다른 하나는 특히 북한문제와 관련하여 외교정책과 국내정치 사이의 연결성에 대한 이해가 부족하다는 점이다. 북한문제의 경우 과거 노무현 정부 시절 대북한관계를 포함한 모든 외교정책에서 국내적 변수를 너무 고려하여 외교정책이 국내정치에 종속되는 경향이 있었다면, 반대로 이명박 정부의 경에는 외교정책의 국내정치적 요인을 무시하여 외교정책을 국내적으로 활용하거나 국내정치적 요소가 외교정책에 반영되는 특징을 활용하는 전략적 마인드가 부족했던 것으로 판단된다.

2. 이명박 정부 대북정책의 문제점

지난 5년간 추진된 "원칙 있는 대북정책" 역시 과거 햇볕정책과 마찬가지로 북한으로부터 진정한 변화를 유도하는 데에 실패하였다면, 이명박 정부 대북정책의 문제점에 대해서 구체적으로 짚어볼 필요가 있다. 이명박 정부의 출범 초기에 햇볕정책의 과도한 추진 때문에 우리 사회 내부 여론이 분열되었고, 포용의 결과로서 북한이 변화한 것이 아니라 결국 우리가 변화하였다는 자성의 목소리가 높았던 것이 사실이다(윤덕민 2008). 또한 앞서 밝힌 바와 같이 상대적으로 진보성향의 집권 10년 동안 우리의 '보편적인 외교안보정책'이 '대북정책'과 효과적으로 분리되지 못하고 모든 대외정책이 대북정책에 종속되는 결과를 가져왔다는 비판이 확산되었던 것이 사실이다. 이러한 분위기를 반영하듯 인수위 시절 통일부 폐지와 관련한 논란을 경험하기도 하였고, 대외적으로도 '한미동맹'의 강화에 우리의 모든 외교자원이 '올인'하는 모습을 보이기도 하였다. 하지만 이명박 정부는 '포용정책'의 과잉을 바로잡는 노력 역시 남북한 관계 밖에서가 아니라 남북한 관계 안에서 찾아야 한다는 점을 간과하고 말았다. 과거 진보성향의 정부가 우리의 자랑스런 산업화 역사를 인정하지 않는 듯한 모습에서 부당함과 안타까움을 느꼈듯이, 동일한 논리의 선상에서 포용정책 10년의 공과를 객관적으로 인정하지 않은 상태에서 남북한 관계의 정책기조를 수정하고자 한 것은 전략적으로 옳지 않았던 것이다.

전문가들은 이명박 대통령 집권 직후인 2008년 초 일반적으로 대북한 관계에서 보수주의 일변도의 정책이 성공할 수 없는 근거로 국내 진보주의 세력으로부터의 정치적 압력과 북한에 의한 지속적인 안보위기 고조를 꼽은 바 있다. 지난 5년을 되돌아보면 국내 진보세력의 정치적 압박의 경우 이명박 정부가 위기의식을 느낄 만한 수준은 아닌 것으로 판단된다. 다시 말해 국내 진보세력은 지속적으로 이명박 정부의 대북정책을 비판해 왔지만, 이들의 비판이 광범위한 지지를 확보하는 데에는 실패했다. 오히려 2009년 남북한 간 유화국면 모멘텀 조성의 기회를 상실한 뒤, 북한의 지나친 위기조성으로 인해 국내 진보세력의 입지가 오히려 줄어드는 기현상이 발생하고 말았다.

전반적으로 볼 때 이명박 정부는 지난 5년 동안 지속적으로 대북 강경기조를 포기할 상황이 아니라고 판단해 왔고 거기에 미국 오바마 행정부의 전략적 인내가 결합하면서, 따라서 현재와 같은 남북관계 경색의 장기화가 빚어지게 된 것이다. 또 한편으로는 글로벌 금융위기에 대한 관심이 워낙 높아서 남북한 관계 경색에 대한 관심을 분산시키는 효과를 가져왔고, 지금의 남북한 관계 경색이 궁극적으로 바람직한 남북한 관계로 인도할 것이라고 생각하는 사람들이 상당수 존재하고 있었던 것도 엄연한 현실이었다.

또한 어느 집권세력이건 '정권의 정체성'이 있는데 일반 국민이 현 정부에거는 기대는 주로 글로벌 위기극복을 포함한 경제성장에 있으므로, 그 외 분야에서는 상대적으로 비난의 수위를 낮출 수 있었을 것이라는 분석도 설득력이 있다. 이상과 같은 분석을 전제로, 대체로 이명박 정부는 지난 5년 동안 대북정책에서 현상적 위기를 경험하고는 있지만, 구조적인 위기에 직면한 것은 아니라는 판단을 내렸을 것으로 짐작된다.

그런데 문제는 지금부터이다. 탈냉전기 이후 지금까지 약 20년 동안 그래 왔던 것처럼 김정일위원장의 갑작스런 사망에도 불구하고 북한 정권의 내구력이 상당한 수준에 도달에 있다는 전제하에, 동북아의 안보위기를 지속적

으로 고조시켜서 미국으로 하여금 동북아 지역안보 관리의 관점에서 특단의
조치가 불가피하다는 판단을 하게 만들고, 국내적으로 대북 보수주의 정책
의 결실이 무엇이냐는 진보세력으로부터의 압박이 더욱 높아지며, 또한 시
간이 흘러 결과적으로 북한의 자생력과 북중관계의 결합도만 높이는 결과로
이어지게 된다면 2013년이라는 한반도 안보 구조변화를 위한 매우 중요한
기회를 놓치게 되는 결과가 초래할 수 있다.

IV. 남북관계와 한반도의 시대정신

1. 이분법적 사고를 넘어서

결과적으로 지금까지의 분석이 보여주는 바와 같이 지난 5년 동안의 한반
도 안보 불안을 해결하기 위한 노력은 남북관계와 한미관계가 대결적인 위
치에 놓여있지 않다는 철학적 기반을 전제로 하고 있다. 왜냐하면 이명박
정부의 한미공조강화나 국내정치와 남북관계의 분리 등은 결국 우리의 대북
정책과 대미정책이 분절적으로 존재할 수 있다는 사고를 전제로 하고 있기
때문이다. 그렇다면 현 시점에서 우리가 안보와 안보부재로 인식하고 있는
미국과 북한이 상호의존적으로 결합하고 있는 한반도 안보구조의 모순을 타
개하는 방법은 무엇일까? 대체로 세 가지 점을 지적하고자 한다.

첫째, 2013년 상반기 이후 예상되는 북미 간 유화국면의 가능성은 한반도
및 동북아 안보구조의 근본적인 질서 변화와 맞물려 있다는 판단이 가능하
다. 북한이 탈냉전기 이후 지속적으로 주도한 핵외교의 핵심에는 결국 '북한
을 포함한 동북아 안보'와 '북한을 배제한 동북아 안보' 사이의 대결이라는
논리가 자리잡고 있다. 대체로 핵외교 20년을 거치면서 북한은 클린턴 행정
부, 부시 행정부, 오바마 행정부를 통해 스스로 구사할 수 있는 외교전략은

대체로 모두 구사한 것으로 판단된다. 만약 핵외교를 통해 얻고자 한 궁극적인 목적이 '북한을 포함한 동북아 안보와 성장'이라는 북한 문제는 가까운 시간 안에 한반도 차원은 물론 동북아 지역 차원에서 근본적인 변화의 국면을 맞이하게 될 것으로 판단된다.

둘째, 한반도 문제가 가지고 있는 '한반도적 요인'과 '국제적 요인' 사이의 전략적인 균형감각이 요구되는 시점이다. 지난 10여 년에 걸친 진보성향의 정권에서 한반도적 요인을 강조한 균형감각 상실을 경험하였다면, 지금 정부에서는 국제적 요인을 강조한 균형감각 상실이라는 본질적으로 동일한 우를 경험하고 있다. 따라서 북한 변수 혹은 미국 변수와 관련하여서는 어차피 북한의 궁극적인 목표가 미국 및 일본과의 국교정상화에 있는 것으로 짐작되므로, 이 과정에서 핵을 보유한 정상화 협상이나 핵을 포기한 정상화 협상이냐의 문제, 또한 한반도 평화체제 논의의 쟁점들이 적극적으로 분출된 상황에서의 관계발전이냐 혹은 평화체제와 비핵화 문제가 논리적으로 우선순위를 따지는 관계발전이냐의 문제로 압축된다. 2013년 상반기 이후 6자회담의 재개와 함께 주변국들의 대북정책이 다시 활성화되고, 이 과정에서 고위급 회담을 포함한 북미 대화에 탄력이 붙는다면, 우리 정부 역시 여기에 적극적으로 동참하지 않을 수 없을 것으로 판단된다.7) 이러한 상황에서 결과적으로 과거와 같은 '통미봉남'을 우려할 필요는 없지만 국제적 접근과 한반도적 접근 사이의 균형감각은 절대적으로 요구된다.

셋째, 궁극적으로 한반도 평화정착을 실현하는 길은 미국 주도의 국제 온건주의자들이 대북 협상과정에서 대화와 평화로운 외교수단을 지속적으로 개발하고 현실화할 수 있는 온건주의적 모멘텀을 지속할 수 있느냐에 달려 있다. 다시 말해 국제공조체제를 구조적으로 정착시키고 동시에 한미일 내 온건주의자들 간의 논리적 및 정서적 유대감을 장기적으로 유지하는 것이 중요하다. 물론 외교정책 결정과정에서 일정한 수준의 강경-온건 대결 및

---

7) 이명박 정부 대북정책의 포괄적인 문제점 및 철학적 기초 제공과 관련한 대표적인 논문으로는 박건영(2008)을 참고하기 바람.

공존은 불가피하므로 대북 협상과정에서도 대화와 강압의 외교정책은 혼재하고 있다. 또한 이들 국제적 수준의 온건파들간에 정책적 및 이념적으로 완전한 동질성을 발견한다는 것도 불가능한 일이다. 다만 한반도에서의 무력사용은 어떠한 경우에도 있을 수 없으며 북핵 문제 해결을 위한 해법은 그 과정에서 평화로운 수단이어야 궁극적으로 북한 사회를 국제사회에 정상적으로 연착륙시킬 수 있다는 논리의 정당성을 놓치지 말자는 것이다. 일단 북한 정권이 국제사회와의 대화창구에 참여하게 된다면 그러한 모멘텀을 유지하고 지속적으로 재생산하는 일이 중요하다. 이런 관점에서 기왕에 일정한 제도화를 확보한 6자회담의 실효성을 강조하기 위해 형식은 6자회담을 유지하되 내용적으로 북미간 직접담판의 성격을 다소 격상시킬 필요가 있다고 본다.

한-미-일을 핵심으로 한 국제 온건주의 연합은 지금까지 북한이 핵무기 개발의 논리적 정당성을 대외에 널리 알리는 데 노력하면서도 동시에 자국이 원하는 조건이 충족된다면 북핵 프로그램을 포기할 수도 있다는 가능성을 항상 열어놓고 있다는 점에 주목해야 한다고 강조한다. 미국의 딜레마는 현실적으로 북한의 이러한 조건을 전적으로 수용할 수도 없으면서 동시에 대북 강경조치는 오히려 현 북핵 문제를 더욱 악화시키는 결과만을 초래할 것이라는 판단에 기인한다. 따라서 현재와 같은 상황에서 한미일 국제공조체제는 바로 이러한 미국의 딜레마를 해소하는 데에 상당한 기여를 할 수 있을 것으로 보인다. 한미일 삼국 내 온건주의 연합은 우선 북한 정권에게 이들이 주도하는 대북 협상은 북한 정권에게 그나마 유리한 안보환경을 제공할 것이라는 믿음을 주어야할 것이고, 미국 부시 행정부에게는 현실적으로 대북한 무력침공이 채택되기 어려운 외교환경인 상황에서 북한이 국제사회와의 대화채널을 열어두고 협상 테이블에 참여한다는 자체가 가지는 상징적인 의미를 지속적으로 강조하여야 할 것이다.

2. 남북관계 발전의 국내-국외적 결합

이분법적 사고를 뛰어넘기 위한 이상과 같은 철학적 기반을 전제로 현 시점에서 남북관계의 시대정신을 실천하는 현실적인 대안을 무엇일까? 북 핵문제의 본질이라는 관점에서, '핵외교'의 결과로 국제사회에서 북한의 지위가 향상된 것도 아니고, 북한의 경제 상황이 개선된 것도 아니며, 북한의 안보상황이 개선된 것도 아닌데 왜 북한은 20년이 넘게 핵외교에 전념하는 것일까? 한 마디로 북한이 규정하고 있는 핵무기의 '안보적 기능'이 통상 국제사회가 규정하는 안보적 기능과 전혀 차별적이기 때문인데, 즉, '집권세력의 안보(leadership security 혹은 regime security)'를 '국가안보(national security)'와 동일시하기 때문이다. 과거 김정일 및 지금의 김정은을 중심으로 한 집권세력의 안전을 확보해 주는 가장 효과적인 수단이라고 믿고 있으며, 이런 믿음은 논리적으로 다시 집권세력의 안전 확보는 북한이라는 포괄적인 사회의 국가안보와 직결된다는 인식을 갖고 있다. 한 마디로 '집권안보'는 존재하지만 '국가안보'는 존재하지 않는 것이다.

국가안보와 집권안보를 동일시하는 착시현상에도 불구하고, 북한의 외교적인 의도가 일정 부분 성공을 거둔 결과, 북한은 한반도 문제를 '핵문제'로 일관되게 유지할 수 있었다. 한반도 문제의 '한반도'화라는 북한 스스로의 주장은 외교적 수사에 불과할 뿐, 한반도 문제를 국제화시켰고 결과적으로 평화정착을 확보하는 향후 과정에서 주변국은 물론 국제사회의 역할과 개입을 더욱 정당화시킨 측면이 인정된다.

북한의 핵개발전략은 한국의 역할을 무력화시키려는 의도였으며, 문제의 핵심을 '북한 대 미국'의 구도로 몰고 가겠다는 의지의 표현이다. 결과적으로 북한은 한반도 문제 해결에서 국제사회의 영향력을 강화시키고 남북한 관계라는 한반도의 전통적인 대결구도 대신 '북한 대 미국' 혹은 '북한 대 국제사회'라는 방식으로 치환하는 데에 일정 부분 성공을 거둔 것이다. 더욱 심각한 문제는 우리 정부(혹은 사회)가 이러한 한반도의 구조적 상황을 해결하기 위한 의지와 능력을 갖추지 못하고 있다는 데에 있다. 축약해서, 근원적 해결을 위해 한미동맹이 대북한 군사력을 행사하거나, 아니면 북미관계 정상화를 포함하여 북한의 근원적인 위협의식을 해소해주거나, 혹은 소위 안보-교류 병행 전략 대신 "공진화"의 이름으로 핵무기의 위협을 무시하고 남북교류협력 대폭 확대 등의 조치를 취해야 하는데, 현실적으로 한국사회의 정치세력은 이러한 전략을 채택하기가 불가능하다. 결국 "북미관계"가 한반도 문제의 핵심으로 자리 잡게 되었고, 이러한 구도가 지속적으로 재생산되고 있는 것이다.[8]

북미관계의 관점에서 분석의 관점을 좀 더 넓혀보면, 지난 4년 동안 오바마 외교정책의 핵심은 통상 '아시아로의 회귀'로 알려져 있다. 훗날 역사가 G2를 하나의 실체가 있는 세계사적 경험으로 기억한다면, 2011년 1월의 오바마-후진타오 정상회담은 미중관계가 글로벌 리더십을 공유하는 구체적인 시작으로 기록할 것이다. 물론 강대국정치(power politics)는 근대 국제질서 등장 이후 지속적으로 발견되는 국제정치의 공통적인 특징의 하나라는 점을 고려하면, G2를 통해 과거 강대국정치로부터의 유사점과 차이점을 모두 발견할 수 있다. 참고로 대표적인 차이점은 '갈등과 협력의 공존'으로 볼 수 있는데, 다수 전문가들은 갈등의 대표적인 지역과 이슈로 한반도와 북한 문제를 지목하고 있는 실정이다.

앞서 언급한 바와 같이 지난 4년간 북미관계는 기본적으로 매우 침체된 측면이 있는데, 반복되는 설명이지만 6자회담이 한 번도 개최되지 못했고, 우여곡절 끝에 추진된 "2.23 합의" 역시 동력을 받지 못하고 북미간 관계개선으로 이어지지 못하였다. 물론 한국의 대북정책에 대한 오바마 행정부의 자율성 인정이 남북미관계 이외의 요인—한미FTA 부분 개정, 대량 무기 구입(2012년 약 14조 원) 등—을 포함하고 있다는 관측이 있을 수 있으나, 전반적으로는 남북관계의 경색, 미국의 대아시아정책의 종합적인 점검, 미중관계의 새로운 국면 등이 복합적으로 작용한 결과로 봐야 한다.

---

8) 결과적으로 한미관계와 남북관계의 포괄적인 접근은 이 둘의 교집합인 북미관계 개선을 전제로 하고 있다는 점을 이해할 필요가 있다. 이와 관련한 설명은 박인휘(2011)를 참고.

　이상과 같은 분석을 토대로, 2013년 이후의 한미관계는 우선은 한국과 미국 양국이 처한 국내적 조건에 영향을 받을 것이고, 그리고 한미관계가 직면하게 될 글로벌 외교안보환경에 종속된 측면이 있을 것이다. 전자와 관련하여 우선 한국의 경우 보편적인 외교관계와 남북관계, 이렇게 두 가지 사안으로 나눠서 생각해 볼 수 있는데, 외교관계에서는 지난 5년 동안 한미관계의 지나친 강조가 미중관계 사이에서 국익을 지키는데 부적절했다는 국내여론이 있는 관계로, 한미관계-한중관계 사이에서 일종의 전략적 밸런스 조절이 시도될 전망이다. 이것은 사전적인 의미의 균형이나 재조정이 아니라, 새롭게 규정되는 국가이익을 둘러싼 종합적인 전략점검의 차원으로 이해되어야 할 것이다. 한미관계의 또 다른 한 축인 남북관계의 경우, 현 정부의 원칙, 일관된 입장으로 북한문제에 접근했다는 평가, 특히 정상회담을 정치적으로 접근하지 않았다는 평가에도 불구하고, 과다한 남북관계의 경색이 우리에게 아무런 이득을 가져다주지 않는다는 결론에 도달하게 된다.

　즉, 남북경색의 결과 북한의 변화보다는 북중간 경제통합만 가속화시킴은 물론 남북한 사이의 이질감과 적대감만 높아지고 있으며, 동시에 전략적으로도 우리의 대북 레버리지만 상실한 결과가 나타나고 있으므로, 만약 2013년 이후 우리의 대북정책이 일관된 입장만 유지하고 또한 정치적 이해득실의 관점으로 북한을 접근하지 않는다면, 남북관계의 발전은 반드시 필요하다는 여론이 증대하고 있는 상황이다.

　미국의 국내적 조건과 관련하여서는, 기본적으로 최근에 와서 미국의 외교정책은 국내정치와 외교정책 사이의 고도의 결합을 전제로 한다는 인식이 더욱 증가하고 있고, 북한 문제도 동일한 논리 위에서 전개될 것이다. 이념적 기반을 공고히 하고, '도덕적 명분'을 통한 국제협력체제 구축을 위해 더욱 노력하며, 소위 탈근대적 국제정치질서 변화에 부합하는 '글로벌 안보와 거버넌스'를 일궈야 할 필요성이 강조될 것이다.

　다음으로 글로벌 환경을 분석한다는 것은 현실적으로 두 가지 차원의 변수를 의미한다. 하나는 한반도를 둘러싼 외부환경의 특징 자체에 대한 설명이고, 또 다른 하나는 그러한 환경이 한반도 문제에 어떠한 영향을 주고받게 될 것인가의 문제이다.

첫 번째 문제와 관련하여, 무엇보다도 미중 세력관계의 변화는 우리를 둘러싼 외교관계에 많은 영향을 주는데, 핵심은 한미동맹만으로 충족되기 어려운 한반도 안보문제가 어떠한 보완장치를 통해 해소되느냐의 문제이다. 현실적인 대안으로는 한중관계의 전략적 발전이라는 수단이 있을 수 있고, 중국이 주도하는 광의의 동아시아 지역안보다자주의에 관여함으로써 일정부분 해소될 수 있는 부분이 있는가 하면, 전혀 새로운 지역질서의 출범을 통한 접근도 상정해 볼 수 있다. 보편적인 전망에 의하면, 미국의 '아시아 중시정책(Pivot to Asia)'은 한미관계를 더욱 중요하게 인정할 것이고, 일본의 외교적 지위 및 관용성 저하, 한반도 주변을 둘러싼 중국의 대외팽창 억지 등을 고려할 때 한미동맹이 더욱 중요하게 다뤄질 것이라는 견해가 지배적이다.

앞서 설명한 한국적 관점에서, 한미동맹만으로 완전히 충족될 수 없는 안보 실천의 문제와 미국적 관점에서 한미동맹의 전략적 중요성 제고가 어떻게 결합하느냐의 문제로 압축되는데, 이 결합의 구체적인 문제점 및 전개양상에 대해서는 향후 좀 더 분석적인 고민이 요구된다.

두 번째 문제와 관련하여서는, 미국의 입장에서 내년 이후 글로벌 경기침제, 대동남아 관여정책에 대한 일차적 평가, 중국 부상의 추후 전개 양상 등의 문제점들을 종합적으로 고려하면서 대북정책의 구체적인 결정이 진행될 전망이다. 당연히 2013년 이후 북미관계의 전개는 미국이 추진하는 다른 외교정책의 성과 및 전개양상에 종속적일 수 있다는 판단이 가능하고, 따라서 이란문제, 대중관계, 아태정책 등에 대한 세심하고 지속적인 관찰이 요구된다.

V. 맺음말

2012년의 시대정신을 '남북관계'의 관점에서 설명하는 일은 매우 논쟁적인 일이다. 그럼에도 불구하고 많은 전문가들과 일반 국민들은 대체로 두 가지 관점에 동의하는 것으로 이해된다. 첫째, 평화와 통일이 이념적으로 분리되어 있는 한 남북관계의 발전과 한반도평화는 요원하다는 관점이다. 의도하든 의도하지 않든 이명박 대통령이 주도한 통일논의 활성화는 통일이라는 표현에서 '평화'의 이미지를 분리시켰고, 결과적으로 일부 사람들에게 통일은 북한의 급변사태 혹은 갑작스런 붕괴와 동일한 의미로 이해되고 있다. 설사 북한에 급변사태에 준하는 사건이 발생한다고 하더라도, 그것은 국가정보기관에서 사전에 치밀하게 준비하면 될 일이지, 대통령이 공개적으로 북한을 자극할 일은 아니라고 판단된다. 통일은 평화로운 과정이어야 한다는 국내외적인 합의가 없이는 남북한 관계의 발전은 불가능하다.

둘째, 미국과 북한은 우리에게 이분법적 선택의 대상이 되어서는 안 된다. 본 논문에서 자세하게 분석하고 있듯이, 한반도 안보구조가 미국은 안보의 상징이고 북한의 위협의 상징으로 이해되는 한 한반도평화통일의 길은 더욱 멀어지게 마련이다. 남북미 사이의 상호의존적 신뢰구조가 형성되지 않고서는 남북관계의 근본적인 발전이 불가능하다는 인식이 필요하다. 물론 핵문제로 상징되는 현실적인 위협이 있으므로, 현실적으로 남북미 신뢰구조를 어떻게 형성할 것인가는 매우 어려운 문제이다. 북핵무용론의 논리를 지속적으로 개발하여 북한을 설득하고, 대북협상전략에서 억지와 보상 간 결합을 통한 북한 변화의 모멘텀의 효과를 극대화하도록 노력해야 할 것이다. 국내 민간 행위자의 참여를 대폭 늘려서 북한 사회의 DNA에 영향을 미칠 수 있는 네트워크적 결합을 지속적으로 추진해야 한다. 핵문제의 경우 협상창구가 오픈되어 있는 한, 대북교류협력 사업을 대폭 확대하여 대북한 관여의 깊이과 폭을 확산시켜야 한다. 이런 조건이 충족될 수만 있다면, 미국으로 상징되는 안보와 북한으로 상징되는 위협을 넘어서는 새로운 한반도 안보 정의 방식을 모색할 수 있으리라 본다.

【참고문헌】

김동명. 2010. 『독일 통일 그리고 한반도의 통일』. 서울: 오름.

박건영. 2008. "이명박 정부의 대미정책과 대안: 외교안보 문제를 중심으로." 『국가전략』 14권 4호, pp. 91-119.

박인휘. 2011. "한반도 안보-안보부재의 정치학: 한미-남북관계의 모순적 결합." 『한국정치학회보』 45집 2호, pp. 225-49.

______. 2007. "북핵문제의 복합성, 미국의 딜레마, 그리고 동북아안보의 변화." 『한국정치 외교사 논총』 28집 2호, pp. 229-54.

______. 2007. "미국의 동아시아 vs. 동아시아의 미국: 미국의 실천과 매력." 손 열 편. 『매력으로 엮는 동아시아: 지역성의 창조와 서울 컨센서스』. 서울: 지식마당.

______. 2006. "세계정치와 동북아 안보: 중·일 갈등을 통해 본 균형과 간극." 『세계정치』 통권 5호, pp. 115-151.

______. 2005. "동북아 국제관계와 한국의 국가이익: 미중일 세력관계를 중심으로." 『국가전략』 11권 3호, pp. 455-74.

박형중. 2005. 『미국과 중국의 대북 핵정책 및 한반도 구상 및 한국의 정책 공간』. 서울: 통일연구원.

백낙청. 2012. 『2013년 체제만들기』. 서울: 창비.

서보혁. 2008. "탈냉전기 한반도 안보질서 변화에 관한 연구." 『국가전략』 14권 2호, pp. 63-85.

역사비평편집위원회. 2010. 『갈등하는 동맹: 한미관계 60년』. 서울: 역사비평사.

우승지. 2009. "김정일시대 북한의 국제관계론." 곽승지 외. 『김정일의 북한 어디로 가는가?』. 서울: 한울.

윤덕민. 2008. "비핵·개방 3000 구상: 과제와 전망." 『주요국제문제분석』. 2008년 4월 29일.

이상현. 2008. "신정부의 외교안보정책 방향과 과제." 『전략연구』 제15권 1호.

임동원·백낙청. 2010. 『다시 한반도의 길을 묻다: 36인의 대북전문가가 말하는 한반도 평화 이야기』. 서울: 삼인.

Acharya, Amitav. 2007. "The Emerging Regional Architecture of World Politics." *World Politics* 59, 4. pp. 629-52.

Alder, Emanneul, and Michael Barnett. 1998. *Security Communities*. Cambridge: Cambridge University Press.

Baldwin, David A. 1995. "Security Studies and the End of the Cold War." *World Politics* 48, 1. pp. 117-41.

Booth, Ken, and Nicholas Wheeler. 2008. *The Security Dilemma: Fear, Cooperation and Trust in World Politics*. Basingstoke: Palgrave Macmillan.

Buzan, Barry, and Lene Hansen. 2009. *The Evolution of International Security Studies*. Cambridge: Cambridge University Press.

Buzan, Barry, and Ole Wæver. 2003. *Regions and Powers: The Structure of International Security*. Cambridge: Cambridge University Press.

Buzan, Barry, Ole Wæver, and Jaap de Wilde. 1998. *Security: A New Framework for Analysis*. Boulder: Lynne Rienner.

Carothers, Thomas. 1999. *Aiding Democracy Abroad: The Learning Curve*. Washington, D.C.: Carnegie Endowment for International Peace.

______, ed. 2006. *Promoting the Rule of Law Abroad: In Search of Knowledge*. Washington, D.C.: Carnegie Endowment for International Peace.

Cha, Victor. 2009. "Powerplay: Origins of the U.S. Alliance System in Asia." *International Security* 34, 3. pp. 158-96.

Cumings, Bruce. 1999. *Parallax Visions: Making Sense of American-East Asian Relations at the End of the Century*. Durham, NC: Duke Univ. Press.

Dalby, Simon. 1990. *Creating the Second Cold War: The Politics of Discourse*. New York: Guilford Press.

Dominquez, Jorge I. et al. 2011. *Debating US-Cuban Relations: Shall We Play Ball?* New York: Routeldge.

Deudney, Daneil. 2007. *Bounding Power: Republican Security Theory from the Polis to the Global Village*. Princeton: Princeton University Press.

Eberstadt, Nicholas. 2009. *The North Korean Economy: Between the Crisis and Catastrophe*. New Brunswick: Transaction Publishers.

Huysmans, Jef. 2008. *The Politics of Insecurity: Security, Migration and Asylum in the EU*. London: Routledge.

______. 2003. "Discussing Sovereignty and Transnational Politics." In N Walker, ed. *Sovereignty in Transition*. Oxford: Hart. pp. 209-27.

Jones, David Martin, and Michael L. R. Smith. 2007. "Constructing Communities: The Curious Case of East Asian Regionalism." *Review of International Studies* 33. pp. 175-94.

Katzenstein, Peter. 2005. *A World of Regions: Asia and Europe in the American Imperium.* Ithaca: Cornell University Press.

Kolodziej, Edward A. 2005. *Security and International Relations.* Cambridge: Cambridge University Press.

Krause, Keith, and Michael C. Williams. 1996. "Broadening the Agenda of Security Studies: Politics and Methods." *Mershon International Studies Review* 40, 2. pp. 229-54.

Layne, Christopher. 2006. *Peace of Illusions: American Strategy from 1940 to the Present.* Ithaca: Cornell Univ. Press.

Lennon, Alexander T. J., and Camille Eiss, eds. 2004. *Reshaping Rogue States: Preemption, Regime Change, and U.S. Policy Toward Iran, Iraq, and North Korea.* Cambridge: MIT Press.

Litwak, Robert S. 2007. *Regime Change: U.S. Strategy through the Prism 9/11.* Baltimore: The Johns Hopkins University Press.

______. 2003/4. "Non-Proliferation and the Dilemmas of Regime Change." *Survival*, Vol. 45, No.4.

Malone, David Malone, and Yuen Foong Khong, eds. 2003. *Unilaterlism and U.S. Foreign Policy: International Perspective.* Boulder, CO: Lynne Reinner.

Marten, Viking, and Kimberly Zisk. 2004. *Enforcing the Peace: Learning form the Imperial Past.* New York: Columbia University Press.

Nye, Joseph S. "Redefining National Interest." *Foreign Affairs*, Jul/Aug 1999.

Orr, Robet C., ed. 2004. *Winning the Peace: An American Strategy for Post-Conflict Reconstruction.* Washington, D.C.: Center for Strategic and International Studies.

O'Sullivan, Megham L. 2003. *Shrewd Sanctions: Statecraft and State Sponsors of Terrorism.* Washington: Brookings Institution.

Patrick, Stewart, and Shepard Forman, eds. 2002. *Multilateralism and U.S. Foreign Policy: Ambivalent Engagement.* Boulder, CO: Lynne Rienner.

Rice, Condoleezza. 2000. "Promoting the National Interest." *Foreign Affairs*,

Jan/Feb 2000.

Snyder, Glenn H. Snyder. 2002. "Mearsheimer's World-offensive Realism and the Struggle for Security." *International Security*, Vol. 27, No. 1, pp. 254-6.

Teorell, Jon. 2010. *Determinants of Democratization: Explaining Regime Change in the World, 1972-2006.* Cambridge: Cambridge University Press.

Weldes, Jutta. 1996. "Constructing National Interest." *European Journal of International Relations* 2, 3. pp. 275-318.

Williams, M. J. 2008. "(In)security Studies, Reflexive Modernization and the Risk Society." *Cooperation and Conflict* 43, 1. pp. 57-79.

Williams, Michael C. 1998. "Identity and the Politics of Security." *European Journal of International Relations* 4, 2. pp. 204-25.

Wohlforth, William C. 2008. *World Out of Balance: International Relations and The Challenge of American Primacy.* Princeton: Princeton University Press.

색인

필자 소개(원고 게재 순)

❖ 이현출(Hyunchool Lee)

건국대학교 정치학 박사

현) 국회입법조사처 정치행정조사심의관

❖ 가상준(Sangjoon Ka)

뉴욕주립대학교 정치학 박사

현) 단국대학교 정치외교학과 교수

❖ 김재한(Chae-Han Kim)

로체스터대학교 정치학 박사

현) 한림대학교 정치행정학과 교수

❖ 강명세(Miongsei Kang)

캘리포니아대학교 정치학 박사

현) 세종연구소 연구위원

❖ 이연호(Yeonho Lee)

케임브리지대학교 석사 및 박사

현) 연세대학교 정치외교학과 교수

❖ 김석우(Seokwoo Kim)

노스캐롤라이나대학교 정치학 박사

현) 서울시립대학교 국제관계학과 교수

❖ 박인휘(Ihn-hwi PARK)

노스웨스턴대학교 정치학 박사

현) 이화여자대학교 국제학부 교수